NOTICE

sur la

Paroisse de Trémaouézan

(Finistère)

BREST
Imprimerie de la Presse Libérale, 4, rue du Château

1921

Abbé J. MÉVEL

NOTICE

sur la

Paroisse de Trémaouézan

(Finistère)

BREST

Imprimerie de la Presse Libérale, 4, rue du Château.

1924

NIHIL OBSTAT :

G. PONDAVEN,
cens-dép.

IMPRIMATUR :

Quimper, le 15 Mars 1924,

A. COGNEAU.
V. g.

L'Église (XVᵉ, XVᵉ, XVIIIᵉ siècles),

EN HOMMAGE
à MM.

CANN, Recteur de Trémaouézan,

SIMON, Recteur de Plounéventer,

MAGUET, Recteur de Ploudaniel,

KERLOUET, Recteur de Plouédern,

L'Abbé FAVE, Diacre, de Trémaouézan,
et aux habitants de Trémaouézan,

Dont la générosité
en ces temps de cherté,
a permis l'impression de ce livre.

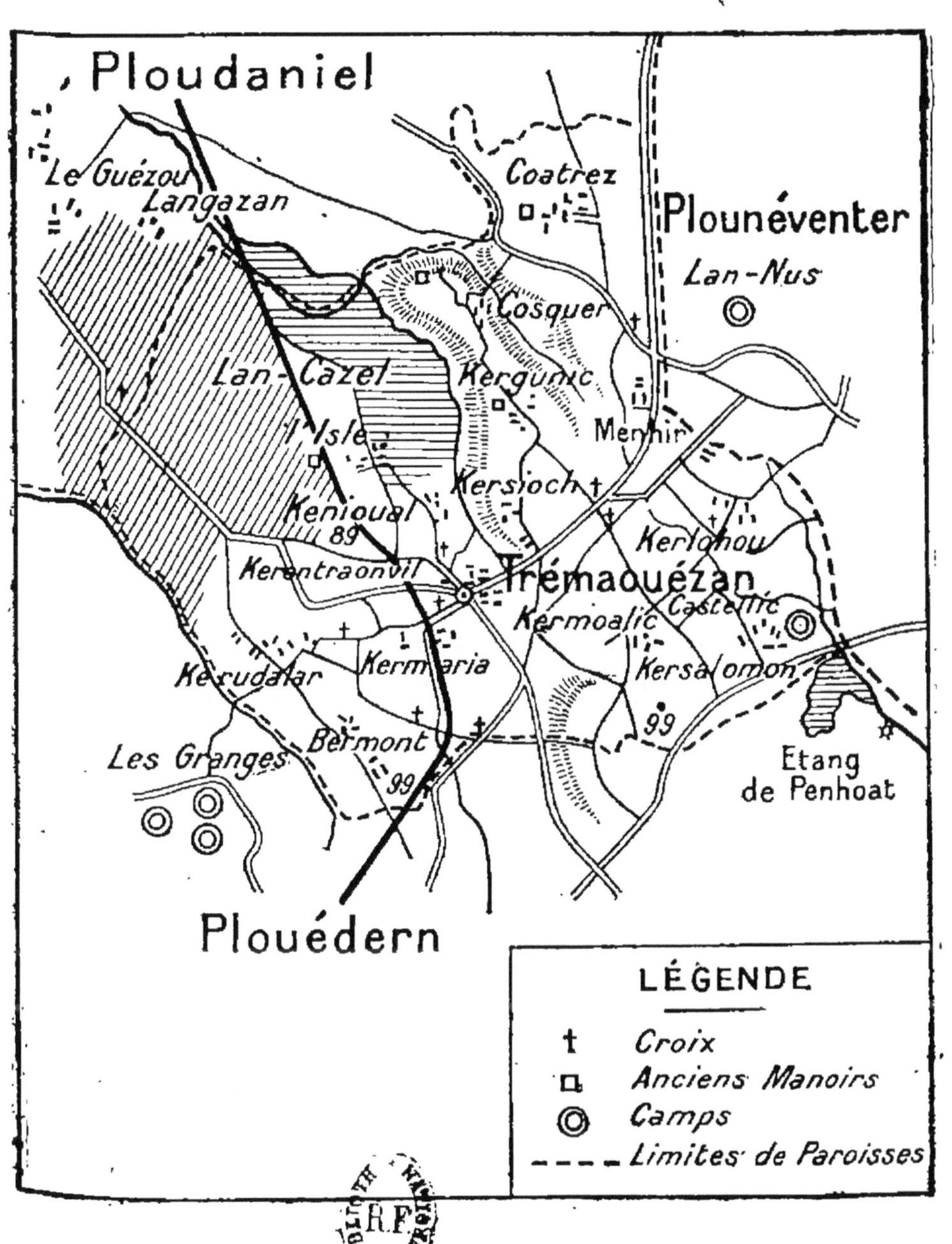

Ploudaniel
Le Guézou
Langazan
Coatrez
Plounéventer
Lan-Nus
Cosquer
Lan-Cazel
Kergunic
L'Isle
Menhir
Kersioch
Kenioual
89
Kerlohou
Kerentraonvil
Trémaouézan
Kermoalic
Castellic
Kérudalar
Kermaria
Kersalomon
99
Les Granges
Bermont
99
Etang
de Penhoat
Plouédern
LÉGENDE
† Croix
□ Anciens Manoirs
◎ Camps
----- Limites de Paroisses

AVANT-PROPOS

Les archives de Trémaouézan se composent : 1° de la collection à peu près au complet des registres de baptêmes, de mariages et de décès depuis 1682 jusqu'à nos jours ; 2° des cahiers de comptes de la fabrique depuis 1643, mais plusieurs manquent ; 3° d'un Inventaire des titres de l'église confectionné en 1687 ; 4° d'une cinquantaine de testaments des XVIe, XVIIe et XVIIIe siècles ; 5° d'un certain nombre d'aveux rendus par l'église aux seigneuries dont dépendaient ses biens ; 6° d'une Déclaration des terres nobles et roturières de Trémaouézan, fournies au greffe de la Réformation des domaines à Lesneven en 1681 ; 7° d'un certain nombre de pièces de procédure et de papiers divers.

Plusieurs de ces documents sont en fort mauvais état. Déjà en 1687, l'auteur de l'Inventaire constatait que quelques-uns d'entre eux étaient « en partie ébreschés et très difficiles à lire », et d'autres « mangés des rats ». On peut croire que, depuis, les rongeurs ne se sont pas fait faute de continuer leur besogne destructive. Enfin, de copieuses averses sont tombées sur le dépôt des antiquités à l'époque où l'on refaisait la toiture de la

*Chambre des archives. Si elles n'ont pu enta-
mer le vélin du testament et des contrats,
elles ont, par contre, gravement avarié les
pièces écrites sur simple papier. Des cahiers
entiers sont retournés à la pâte dont ils avaient
été faits.*

J'ai essayé d'utiliser le reste.

*L'étude de l'église et de ses annexes, des visi-
tes aux manoirs ruinés des environs et aux
vieilles croix de nos chemins creux, et les souvenirs des habitants de Trémaouézan, m'ont
aussi fourni de précieux renseignements.*

*Enfin, j'ai largement mis à contribution les
savants ouvrages du très regretté Chanoine
Peyron, archiviste de l'Evêché de Quimper, et
les magnifiques travaux de M. le Chanoine
Abgrall.* Le Bulletin de la Commission diocé-
saine d'Architecture et d'Archéologie, *publié
sous leur direction, a été mon livre de chevet.
Que ces Messieurs, ainsi que les aimables
ecclésiastiques et autres personnes qui ont
mis leurs bibliothèques à ma disposition,
veuillent bien agréer l'expression de mes plus
vifs sentiments de gratitude.*

J. M.

TRÉMAOUÉZAN

Chapitre Premier

Trémaouézan est une petite paroisse de cinq cents et quelques habitants, assise sur le plateau du Léon, à six forts km. au Nord de Landerneau. *Trève* ou subdivision de Ploudaniel jusqu'à la Révolution, elle est depuis cette époque paroisse autonome, et commune. Elle est limitée au Sud par la paroisse de Plouédern, à l'Ouest et au Nord par celle de Ploudaniel, et à l'Est par Plounéventer. Un bon tiers de sa superficie, qui comprend 830 hectares, est occupé par une plaine marécageuse où prend naissance un des principaux affluents du petit fleuve côtier l'Aber-Vrac'h. Cette plaine, qui a nom *Langazen* (1), et dont une maigre végétation d'ajoncs et de

_____

(1) La carte d'État-Major porte **Langazel,** mais dans le pays on dit plutôt Langazen, ou Langazan.

bruyères recouvre à peine la nudité, a dû porter autrefois une belle forêt, car là où l'on sonde pour établir des canaux de drainage, ou pour chercher de la tourbe, on trouve d'énormes troncs d'arbres à moitié pétrifiés, ensevelis plus ou moins profondément dans la vase du marais.

Jusqu'à il y a environ cinquante ans, le pays produisait beaucoup de lin, et les *toiles de Trémaouézan* étaient renommées. Cette industrie a été abandonnée, et la population d'aujourd'hui vit uniquement de la culture du blé et de l'élevage du bétail.

CHAPITRE II

I

Le Nom

On entend rarement les gens de Trémaouézan prononcer tout au long le nom de leur
localité. Le plus souvent ils ne l'appellent
que *an Dré*, la Trève.

Aux xvie et xviie siècles, les papiers de la
paroisse portent *Treffmaouezan* et *Treffma-
ouezen*. Dom Maurice nous fournit une forme
de 1361 assez différente, *Trémagoezou* (1).

Le préfixe *tré* ou *treff* (2), par lequel commence le mot qui nous occupe, se retrouve à
la tête d'un grand nombre de noms de villages bretons. On peut remarquer que ces
villages sont ordinairement importants, et que

---

(1) D. Maurice, **Preuves** I, 1563.

(2) Vieux breton **treb;** moyen-breton **tref,** habitation, subdivision de la paroisse; cf. le latin **tribus,**
famille, tribu. — V. Loth, **Chrestomathie bretonne 21,**
168 et 234; — Henry, **Lexique étymologique des termes les plus usuels du breton moderne,** au mot **treb.**

souvent il y a existé des manoirs ou des chapelles. Il n'est même pas rare d'y rencontrer
des débris des époques gauloise ou gallo-
romaine, preuve qu'ils sont habités depuis fort
longtemps. Quelques-uns de ces *tré* sont deve-
nus des *trèves*, c'est-à-dire des centres parois-
siaux secondaires, formés sur un des points
excentriques du territoire d'un *plou* (paroisse),
pour les besoins cultuels des populations éloignées du *guic* ou bourg primitif. (a) Les
grands *plou* avaient généralement une trève
ou deux, voire même jusqu'à cinq et six,
comme, par exemple : Ploudiry (1). Quant à
Ploudaniel, on lui en connaissait deux: Trémaouézan et Saint-Méen. Le pasteur de la
mère-paroisse s'appelait recteur; ceux des
trèves portaient le nom de curé (vicaires, délé-
gués), et dépendaient des recteurs qui venaient
de temps en temps, principalement aux grandes fêtes, faire le prône de la grand'messe
dans leurs trèves.

Le mot *maouézan* qui suit le préfixe *tré*
dans Trémaouézan est plus difficile à déchiffrer. Il y a apparence cependant que c'est un
nom de personne et même le nom d'un saint
breton. (c).

____

(1) Loc-Eguiner, La Martyre, Pencran, Pont-Christ,
La Roche-Maurice et Saint-Julien de Landerneau.

Pour quelques érudits (1) *Maouézan* est identique à *Moïsan*, nom que l'on rencontre assez souvent dans nos vieux cartulaires, et, d'après eux, Trémaouézan serait la trève de Maouezan ou Moïsan, c'est-à-dire, Moïse. Une paroisse de notre diocèse s'appelle Plouégat-Moysan. Moysan ici est-il le nom d'un saint aujourd'hui inconnu ou simplement le nom d'un seigneur bienfaiteur de cette paroisse? Nous l'ignorons. M. de Courcy (2) mentionne en Plouzané un village nommé *Lan-Moysan. Lan,* quand il signifie monastère — et le cas est très fréquent — est ordinairement suivi d'un nom de saint breton. Malheureusement il n'y a pas de village de ce nom ni en Plouzané ni en Locmaria, son ancienne trève, et, s'il a existé, il serait assez étonnant qu'il ait disparu sans laisser de trace.

En tout cas, si l'on veut trouver Moysan ou Moyse dans le mot Trémaouézan, il ne faudrait pas y voir le nom du grand législateur

---

(1) « Il faut rapporter l'origine de Trémaouézan au culte d'un personnage nommé Mouezan, c'est-à-dire Moïse... On ne connaît rien de saint Mouezan. **Echo paroissial de Brest,** 19 juillet 1908. » — « Trémaouézan: trève de Maouezan, aujourd'hui Moysan ». Toscer, **Le Finistère pittoresque, Léon,** p. 307.

(2) **Nobiliaire** au mot Fontenay.

les Hébreux, bien qu'on puisse être tenté de le croire quand on épèle le nom de la paroisse-mère Ploudaniel, la paroisse de Daniel. Daniel et Moyse, n'est-il pas naturel de les trouver honorés l'un à côté de l'autre?

Mais c'est impossible. Dans tous les noms de nos paroisses anciennes, quand dans ces noms sont inclus des noms de saints, ce qui n'est pas rare, on ne trouve jamais que des noms de saints bretons (1). Nous ne connaissons qu'une paroisse en Bretagne qui paraisse renfermer le nom de Moyse: Mouazé, au diocèse de Rennes, était en 1086 l'église de Moyse (*Moyseiensis ecclesia*) (2). Mais si le nom de Mouazé est breton, comme il en a l'air, le Moyse auquel son église était dédiée ne peut être pour la raison donnée plus haut — une exception ici serait extraordinaire — le Moyse de l'Ancien Testament, ni non plus un des saints orientaux de ce nom que l'on trouve dans les calendriers, mais un Moyse breton aujourd'hui inconnu.

Le Daniel de Ploudaniel (en breton Plouzéniel) (d) n'est pas non plus le prophète de ce nom. Il est certain qu'il s'agit ici d'un

_____

(1) Cf. Loth. **Les saints bretons,** p. 4 et 5.

(2) Guillotin de Corson, **Pouillé historique de l'archevêché de Rennes.** T. V. p. 318.

autre Daniel, Daniel ou Deinioel, qui vivait au
VIe siècle, fut le condisciple de saint Paul de
Léon à l'école de Saint-Iltud, et devint le pre-
mier évêque de Bangor au pays de Galles.

Quant à l'ancienne forme *Tremagoezoû* relevée plus haut, on peut se demander comment
elle a fait son compte pour aboutir à la prononciation actuelle Trémaouézan.

Pour la finale *ou* devenue *an* on peut imagi-
ner une erreur de scribe, un phénomène de
nasalisation ou une double prononciation
ancienne. On trouve Thurien pour Thuriau,
Derrio pour Derrien, Sulien pour Suliau, etc.
S'il s'agit du *g* de *Magoezou*, on sait que cette
lettre se change en *v* ou même disparaît sans
laisser de trace.

Ce qui ne nous avance guère, car il reste à
savoir ce que *magoezou* ou *magoezan* veut
bien dire.

Faut-il rapprocher *magoezou* du nom d'un
village sis en Ploudaniel sur la frontière de
Trémaouézan et qui s'appelle « *an Gouezou* »,
lieux sauvages ou ruisseaux? Nous ne le pensons pas. Une combinaison de ce mot avec
tré n'aurait pu nous donner que *Trev an
gouezou*.

Avec le mot vieux-breton *mat-uuet(h)en*,

auquel on peut aussi penser, on aurait eu *mavezen* par *mat-vezen*.

Serait-ce *Tre maes-goezou*, trève dans la campagne du *Gouezou* ? L'explication est également inadmissible, car *maes* a un *s* dur qui ne disparaît pas en composition.

On pourrait encore songer à S. Maudez, *Mawez* dans les Iles anglaises ; malheureusement on ne voit pas que S. Maudez ait jamais eu un culte dans notre trève, et puis, partout en Bretagne, le *d* de Maudez est resté.

Enfin, on peut formuler une autre hypothèse. Il se peut que Trémaouézan remonte à un ancien *mat-woedan* dont le *t* a disparu, comme il a disparu dans *Catnemet* devenu *Caznemet, Caznevet* et *Canevet*. Ici encore un nom de saint se présente, celui de S. Gouesnou, le *Woed-novius* de la plus ancienne vie de S. Paul. *Gouezan*, ici *Woedan* (*Woezan*) est peut-être une terminaison régulière de *Gouez-Wed*, a même titre que *Gouézec, Woedoc* (*Gouesnou*). Quoiqu'il en soit, S. Gouesnou est honoré à Trémaouézan depuis fort longtemps. Sa vieille statue, aujourd'hui au porche, se trouvait autrefois en place honorable dans l'église.

****

Puisqu'on en est au chapitre des vieux

saints bretons, mentionnons-en quelques-uns dont on retrouve le souvenir dans les noms des villages de Trémaouézan et des alentours.

D'abord saint *Cazen*, rappelé par Langazen, village en Ploudaniel sur la frontière Nord de Trémaouézan et à la lisière du marais du même nom. On le range au nombre des saints qui passèrent d'Armorique en Grande-Bretagne pour y fonder des monastères, sous la conduite des abbés Cuvilan, Coatman et Tétécho (1).

Ce saint était fils de Cawrdaf et de Peryfferen et frère de S. Médrode. Il est patron de Langathen (pron. Langazen) dans le Carmathenshire (pays de Galles), et le cantreff de Catheiniog lui doit son nom. La fête de Cazen n'est pas mentionnée dans le calendrier gallois, mais Rees la met au 17 Mai, le même jour qu'un autre Cathan ou Catan, évêque de Bute, au vi[e] ou viie siècle. Il y a aussi un saint de ce nom commémoré en Février. Dans une ode galloise on invoque la protection de S. Cathan sur Henry VII (2).

Toujours sur les bords du marais de

---

(1) V. Garaby, **Vie des Bienheureux et des Saints de Bretagne,** p. 534, et A. Le Grand, op. cit., p. 245.

(2) Baring-Gould et Fisher, **Lives of the British saints,** au mot Cathan.

Langazen, à toucher le village noble de Pennanrun, en Plouédern, il y avait une chapelle dont il reste quelques pierres et portant le nom d'un autre vieux saint breton qui, à l'instar de saint Cazen, quitta aussi l'Armorique pour le pays de Galles, saint *Tudès*. De Garaby (1) l'appelle Tudec ou Tydecho. M. J. Loth (2) dit que ce saint est honoré dans le pays de Tréguier avec Nérin, Efflam et Kémo. C'est tout ce que nous en savons.

A cinq ou six cents mètres au Sud de Saint-Tudès, on a Langognan, qui rappelle le nom d'un autre saint, compagnon de Cadoan, émigré aussi au pays de Galles, comme Cazen et Tudès: saint *Cognan* ou *Conan*. Il y a un saint Cognan près du bourg de Saint-Nicodème, et un saint Connan, ancienne trève de Saint-Gilles-Pligeaux, au diocèse de Saint-Brieuc. A Plouézoc'h, il y avait aussi en 1518 une chapelle sous le vocable de saint Connan (3).

A en juger par les nombreuses *lan* qui s'étagent en Ploudaniel sur le front nord de

______

(1) Op. cit., p. 235.

(2) **Noms**, p. 97. — Voir aussi: R. Largillière, **Six saints de la région de Plestin**, p. 55.

(3) V. J. Loth, **loc. cit.**, p. 25; Gauthier du Mottay, **Essai d'iconographie bretonne**, p. 22; Faty, **manuscrit à l'évêché de Quimper**.

notre trève, cette paroisse a dû être une véritable pépinière de saints. Relevons:

Langouron, qui rappellerait un saint du Cornwall du nom de Goronus (1). Il y avait dans ce village une chapelle dédiée à saint Ronan. La vieille statue en bois, du saint a trouvé un refuge dans une des maisons du hameau.

Languily, auprès du vieux château de Quillimadec. *Kil*, plur. *Killi*, connu en irlandais, gallois, cornique et breton, a plusieurs sens: bois, bosquet, cellule monastique, habitation, revers de colline, etc. A côté, il y avait une chapelle de sainte Brigitte, dont les seigneurs de Quillimadec étaient les fondateurs. Ses pierres ont servi à élever une autre chapelle à la même sainte, au bourg de Ploudaniel.

Langrévan, Langréven ou *Langreffan*, à la jonction des vieilles voies de Carhaix à Plouguerneau et de Landerneau à Pontusval par Lesneven. Langrévan paraît contenir le nom de Créven, Crévan, Cravan, Craon, saint irlandais honoré en Cornouaille anglaise. Son nom subsiste aussi dans Kergrafan (Saint-Méen) et dans Lescréven (Plouguin), dont les habitants, d'après la tradition, lapidèrent le pauvre

____

(1) Loth, **Noms 48** et **73.**

mendiant saint Pirric. Depuis ce temps, les gens de Plougastel-Daoulas conduisent leurs enfants à la fontaine Saint-Pirriè pour les y baigner, et, réciproquement, les enfants de Plouguin venaient jusqu'à ces derniers temps à Plougastel faire leurs ablutions à la fontaine de saint Languis.

Lanruc, sur le vieux chemin de Porz-Salio-can à Saint-Pol-de-Léon. Si *ruc* est pour *brug*, Lanruc serait le monastère de la bruyère (1). Mais nous devons faire observer qu'en 1368 on a *Lanreuc* pour Lanriec (2), le monastère de saint Rioc, et, si l'on se rappelle que saint Rioc habitait dans sa jeunesse les environs de Ploudaniel, (Plounéventer, La Roche-Maurice), on songera plutôt à lui qu'à l'humble plante de nos landes. Telgruc a aussi fait penser à la bruyère. Or Telgruc se prononce Téruc, et est pour Tré-ruc, ce qui nous ramène encore à Rioc, qui a précisément passé la majeure partie de sa vie dans la presqu'île de Crozon (3).

Sur la même voie, mais au S.-O. de Ploudaniel et à l'Ouest de Trémaouézan, encore quelques lieux saints, principalement :

(1) Loth, **Noms, p. 76.**

(2) **Cartulaire de Quimper,** dans **Bulletin d'histoire et d'archéologie,** 1901, p. 39.

(3) V. A. Le Grand, **Vie de s. Riok,** p. 29 et suiv.

Lannoazoc (1) et sa chapelle de *Santez Perounel* (2), sainte Pétronille, sœur de saint Goulven, et où il y avait, nous dit la légende, un monastère, au temps de saint Houardon. Notons que la sainte Pétronille qui est aujourd'hui honorée à Lannoazoc n'est pas la sœur de saint Goulven, mais la sainte qui passe pour avoir été la fille de saint Pierre, et dont la fête tombe le 31 Mai.

Guéroc ou *Guévroc* et *Traon-Guéroc*, illustré par saint Guévroc ou Guirec qui y mena pendant deux ans la vie d'anachorète (3).

---

(1) **Lannoazoc** est Lan Loezec et Lan Loazec en 1642, (**archives du presbytère de Ploudaniel**). C'est donc le **Lan Loesuc** de la charte 41 du Cartulaire de Landévennec, qui fut donné par saint Conogan à saint Guénolé. Le **Loesuc** de Lan Loesuc peut être le même que le saint **Laureuc** de la Forêt-Landerneau, dont le nom se retrouve dans celui de Kerloezrec ou Kerlozrec, famille noble qui possédait beaucoup de terres dans les parages de Landerneau. Ce saint Laureuc aurait été, d'après la légende, le premier saint gallois. (Cf. Loth, **loc. cit.**, p. 78).

(2) Cette sainte a encore eu une chapelle à Kervern, en Dirinon.

(3) A. Le Grand, **loc. cit.**, p. 34.

NOTES

a) *PLOU* et *GUIC*. — *Plou*, ordinairement écrit *Ploé* dans les vieux textes, et maintenant Plou, Plo, Plu, Plé, Ploe, Pla, Plan: Plouescat, Plogonnec, Plumaugat, Plédéliac, Ploeren, Plabennec, Planguenoual, etc., vient du latin *plebs* et a le sens de paroisse. (Cf. J. Loth, *Noms*, p. 3). Ce sont nos plus anciens centres cultuels, remontant pour la plupart à l'époque des émigrations des Bretons d'Angleterre en Armorique (v^e-vi^e siècles). — Les *Guic* sont les bourgs ou agglomérations formées autour des églises primitives. Nos campagnards font encore assez souvent la distinction entre *plou* et *guic*. Si l'on se rend au bourg de Plounéventer, par exemple, on dira: « Me a ià da Viniventer, je vais à Guiniventer »; si au contraire on s'achemine vers un village quelconque de la paroisse, on dira que l'on va à Plounéventer. Cette distinction tend cependant à s'oublier, et, actuellement, dans quelques paroisses, c'est tantôt *guic* qui a prévalu: Guiclan, Guimiliau, Guipavas, Guisseny, etc., écrits autrefois Ploélan, Ploémiliau, etc., tantôt le mot *plou* : Plouédern, Plabennec, etc., que l'on trouve aussi sous la forme Guicquédern, Quicabennec, etc...

b) Environ soixante-quinze paroisses de Bretagne ont *tré* comme préfixe de leur nom; pour une cinquantaine, le mot qui vient après est un nom de saint breton; une quinzaine d'autres *tré* sont suivis de noms difficiles à déchiffrer, mais qui, pour la plupart, paraissent être aussi des noms de saints; deux ou trois ne sont suivis d'aucun nom: Tréhou, Trévoux et peut-être Trévé, et enfin cinq autres sont accompagnés de noms de ports, de villes ou de châteaux: Tréboul, Trégunc, — Tréguier, — Tréflez et Trégastel.

Sur les dix paroisses du Léon dont le nom commence par *tré*, il n'y en a qu'une dont on puisse affirmer que le mot qui vient après n'est pas un nom de saint: Tréflez. Tref-lez signifie la trève du *Lez*, c'est-à-dire de la cour seigneuriale ou du château, et le Lez ici n'est autre que le château de Coëtlez (en Tréflez), primitive résidence des seigneurs du même nom, et plus tard d'une branche de la famille de Poulpiquet (1).

---

(1) **Les, Less, Lés,** se retrouve avec le même sens dans les autres branches de la langue celtique: gallois, cornique, irlandais: **Less Mor scotice, latine autem atrium magnum. (Ch. Plummer, Vitæ sanctorum hiberniæ,** I, 197). — A propos de **Les,** signalons que Lesneven dont on a fait Les n'Even, la Cour d'Even, se prononce dans le pays environnant (Plabennec,

Tréflévénez passe aux yeux de certains pour être la « trève de la joie », étymologie qui a introduit dans cette paroisse le culte de Notre-Dame de Liesse ou de la Joie. Mais, si le mot *lévénez* signifie joie, il est aussi le nom d'une sainte bretonne et, à notre avis, entre les deux significations, on ne saurait hésiter : Tréflévénez est la trève de sainte *Lévénez,* mère de saint *Guénaël.* Pour le confirmer, on trouve dans une des paroisses voisines, La Roche-Maurice, le vieux manoir de Kerraoul, autrefois Kerraouel, qui répond à Ronvel, Roël, Ronel (1), nom du père de saint Guénaël. Quant à celui-ci, on constate qu'il était également honoré dans la région de Tréflévénez où plusieurs lieux-dits conservent son nom : Botquénal en Loperhet, ancien manoir et ancienne chapelle de saint Guinal ou Guénaël; Kerguinal en Irvillac, chapelle dédiée à saint Chris-

---

Guissény, etc.) **Lesléven.** (V. **Revue celtique** T. XIII, p. 484 et Loth, **loc. cit., p. 97**).

(1) Ancien patron de Guipronvel, pron. Guiproel ou Guipron-el, le **guic** de S. **Ronvel.** A. Guipronvel, il y a toujours un fabricien de S. Ronvel. — En 1781, une donation est faite par Mlle de Saint-Rovel pour une fondation à Guipronvel. **(Bull. dioc. d'hist. et d'arch.** 1912, p. 264). — Ronvel, Roël, serait-il le **Rawel** des litanies anciennes? (V. **Revue celtique, 1890, p. 134** et suiv. Loth, **loc. cit.** 137). — Pour le nom, cf. Keronvel, en Milizac, dont Guipronvel était la trève.

tophe qui a dû y supplanter saint Guinal ; saint Guénal à Landivisiau, etc. La famille de notre sainte ayant laissé des traces dans les environs de Tréflévénez, on peut conclure à bon droit que cette paroisse a été primitivement sous le vocable de sainte Lévénez. Le cas d'une famille de saints autrefois honorée dans une même région de notre pays n'est d'ailleurs pas rare : Sainte Canna, Caër ou Candide avec son fils Iler (1) dans les pays de Scaër et d'Elliant ; de Cléden-Poher, Kergloff et Berrien ; de Guilers-Plogastel, de Plomodiern, etc.; saint Guénolé avec son père Fracan, sa mère Guen, et ses frères Guézennec et Jacut, en plusieurs endroits ; saint Hervé, sa mère Rivanon, ses oncles Urfol et Rivoaré et sa nièce Christine, aux environs de Lanrivoaré et de Plougastel-Daoulas ; saint Gouesnou, son père Tudon et sa sœur Tudona qui avaient leurs chapelles à Guipavas, Lambézellec, Saint-Renan et Plabennec, etc., etc...

c) Un nom de saint breton suit le mot *Plou*, paroisse, excepté dans quelques rares noms comme Plougastel, la paroisse du Château, Plouguer, la paroisse de la ville (de Carhaix),

____

(1) V. Duine, **Inventaire liturgique de l'hagiographie bretonne,** p. 268, 269.

Plonévez, le nouveau *plou*, Plomeur, le grand *Plou*, etc.

Il y a cependant Ploubezre (C.-d.-N.), qui est la paroisse de saint Pierre et est sous son vocable. Le prince des Apôtres serait-il vraiment le patron primitif de cette paroisse? Il ne semble pas. Il y a au moins deux saints Pierre bretons: Pedr ou Per, frère de saint Suliau, et Per, cousin de saint Paul de Léon, dont le nom est conservé dans Lamber, paroisse enclavée dans la commune de Ploumoguer, Lambezre, ancienne chapelle en Bodilis, Kerber, en français Saint-Pierre-Quilbignon, Kerber, la Villa Petri de la vie de saint Paul, en Lampaul-Ploudalmézeau, Kerber, à Ouessant, où il y avait une chapelle de saint Pierre, et peut-être Gerber (Le Relecq), en Plounéour-Ménez. Inutile de dire que presque partout saint Pierre l'apôtre a pris la place du frère de saint Suliau ou du trop oublié cousin de saint Paul de Léon.

Ploujean était *Plebs Johannis* en 1149 (Peyron, *chapelles*, p. 221) et le Jean dont il est ici question est saint Jean-Baptiste. « Une pièce de 1745 constate que la chapelle de Notre-Dame, existant encore à cette époque dans le cimetière paroissial, passait pour être la Mère-Eglise (de Ploujean), mais le culte du

Précurseur a, pour une raison ignorée, remplacé, dès avant le XIIᵉ siècle, celui de la Mère de Dieu, et la dédicace de l'église principale à saint Jean-Baptiste fit donner à la paroisse le nom de Plou de Jean (*Plebs Johannis*). » (2)

D'après un autre document de 1160, il y avait encore une autre église de N.-D. en Ploujean, l'église actuelle de Saint-Melaine de Morlaix. « Ecclesiam Sanctæ Mariæ apud Montem Relaxum, in Plebe Joannis sitam. » (*Catalogue des Evêques de Tréguier*, dans A. Le Grand, Edition Peyron et Abgrall, p. 262). C'est sans doute cette dévotion qui a fait que la paroisse de Ploujean fut mise de si bonne heure sous le vocable de la Sainte Vierge. Quant à son nom primitif, on ne peut dire avec assurance ce qu'il était. Ce devait être un nom ressemblant beaucoup à celui de Jean, Johan, par exemple, Jaoua, le disciple de S. Paul, et quand la paroisse fut dédiée à S. Jean-Baptiste, son nom n'eut pas besoin de modification, Devenue la paroisse de Jean-Baptiste, il n'est pas étonnant qu'on ait traduit comme dans l'ancien temps *plebs* (paroisse) par *Plou*. Depuis que ces lignes ont été écrites, l'éminent celtologue, M. Loth, que

(1) L. Le Guennec, **Notes hist. et généal. sur la par. de Ploujean,** 1908.

je ne saurais trop remercier ici, m'écrit que « il y a eu confusion entre *Iohan, Iahan*, qui est S. Jean et un saint indigène. En vieux-breton et en vieux gallois ce dernier nom est *Jowan*, qui, en gallois, a des dérivés et est connu à toute époque (*Iaouan* en gallois moderne et moyen). C'est le *Jouan* de la Haute-Bretagne. »

Peut-être, cependant, les paroisses de Ploubezre et de Ploujean ont-elles été dès l'origine sous le patronage de S. Pierre l'apôtre et de S. Jean-Baptiste. Le culte du prince des apôtres et celui du saint Précurseur sont en effet très anciens en Bretagne. Pour S. Jean il ne peut y avoir de doute. On voit au VIe siècle s. Méen consacrer un oratoire en son honneur (1). Quant à S. Pierre, dont le culte s'est répandu de si bonne heure dans le monde entier, il serait bien extraordinaire qu'il n'ait pas été honoré des premiers bretons, au moins à l'égal du Précurseur.

II.

Castellic et Coz=llis

Ce que l'on sait sur le passé lointain de Trémaouézan se réduit à peu de chose. On a

---

(1) Cf. La Borderie, **Hist. de Bretagne**, I. p. 425.

relevé des traces du séjour des Romains sur la partie Est de la commune, aux villages de Kermoalic et de Kersalomon. Dans les champs qui entourent Kermoalic, le sol est parsemé de fragments de briques et de tuiles à rebord. Il y a quelques années, des fouilles, faites à Kersalomon pour une construction, mirent à découvert une certaine quantité de vases et de poteries qui furent malheureusement détériorés par la pioche des ouvriers et envoyés à la voirie.

A environ 400^m à l'Est du même Kersalomon, sur les bords d'un ruisselet qui se déverse dans l'étang de Penhoat, dans les parcelles de terre dénommées *Castellic*, (petit castel) et *Coat-ar-goz-Ilis* (bois de la vieille église), se rencontraient il y a peu de temps les vestiges d'une fortification, que l'absence de motte et la nature des débris trouvés aux environs autorisent à prendre pour une petite station gallo-romaine. Des douves bien marquées, quoique aujourd'hui peu profondes, entourent une enceinte carrée d'environ quinze mètres de côté. Un mur en terre part d'une des faces de cette enceinte dans la direction du Sud-Est, coupe une roche sur son passage, et, après un parcours de quatre-vingts mètres, se retourne à angle droit vers le Sud-Ouest où l'on perd sa trace au bout de quelques pas. On peut croire que ce fortin, situé à mi-voie entre Landerneau et la ville romaine de Kerilien (1), constituait comme une étape entre les deux localités, en même temps qu'il servait de protection aux villas établies à Kermoalic et à Kersalomon.

III.

Les Normands

D'après la tradition locale, Trémaouézan aurait été autrefois le théâtre d'un combat entre les gens du pays et des ennemis venus du côté de la mer. Nos campagnards aidèrent les hommes de guerre en se faisant des armes de leurs instruments de labour :

Freier ouarn a rastellou

A ia gant kouer dar vrezel.

« Les paysans s'en vont à la bataille avec des fourches en fer et des rateaux », dit une vieille complainte relative à l'événement.

Un détail, entre autres, est resté profondément gravé dans la mémoire des habitants,

----

(1) Village à 6 kilomètres au nord du bourg de Plounéventer. Ruines romaines autour de Kerilien sur un espace de cent hectares. D'après M. de Kerdanet, c'est là que se trouvait Occismor, capitale des Osismes.

qui ne se le rappellent pas sans fierté: les femmes de Trémaouézan marchèrent bravement au combat en compagnie de leurs maris et de leurs fils, comme le firent plus tard les femmes du pays de Saint-Pol, dans la rencontre entre les insurgés du Léon et les soldats du général Canclaux (1).

Toujours d'après les souvenirs populaires, la bataille contre les envahisseurs se serait déroulée au Nord du bourg de Trémaouézan, tout le long de la vieille route de Landerneau à Saint-Méen et à la mer, depuis le lieu appelé *Bali-Lahérez* (allée du massacre) jusqu'à l'endroit marqué par une vieille croix de pierre qui porte le nom de *Croaz-ar-Vurzun* (croix du carnage?) (2).

____

(1) A. Kerguiduff, en 1793.

(2) Le nom de cette croix est écrit **Vurzun, Vurzan, Vulzun** et **Vulzen**, mais le plus souvent Vurzun. Disons pour ceux qui ignorent la langue bretonne que le V initial dans les mots ci-dessus est une lettre euphonique mise pour B. De ces quatre mots, un seul est connu: **Bulzun**, navette de tisserand: Croas-ar-Vulzun, croix de la navette. **Burzun** peut être pour Bruzun, de Bruzuna, broyer, le breton transposant volontiers certaines consonnes: p. ex.: on dit indifféremment **dribi** et **dibri**, manger, **brulu** et **burlu**, digitale, etc. Mais tous ces mots peuvent être une corruption de **Burzud**, prodige, miracle: **Croas-ar-Vurzud**, Croix du miracle.

Qu'étaient-ce que ces ennemis contre lesquels les gens du pays eurent à se défendre? Des Normands? Des Anglais?

Bien des raisons nous inclinent à croire que c'étaient plutôt des Normands.

D'abord, il est certain que les pirates scandinaves ont pillé Lesneven et Landerneau aux ixe et xe siècles.

Trémaouézan, situé entre ces deux villes, a donc reçu la visite de ces insignes ravageurs.

Ensuite, si les croix que l'on rencontre sur le vieux chemin de Questembert à Péaule (Morbihan), et qui sont ornées de lances à crochets, sont regardées à bon droit comme des souvenirs de la bataille dans laquelle Alain Le Grand défit les Normands en 888, la région de Trémaouézan peut revendiquer la même origine pour certaines de ses croix qui ont le même cachet d'antiquité que celles de Questembert, leur ressemblent pour la forme, et portent comme elles des lances à crochets (1).

____

(1) La croix de **Lam-marc'h**, à 600 m. au sud du bourg de Ploudaniel, auprès du manoir de **Lamarzant,** à l'endroit où la route de Plabennec rencontre la route de Landerneau à Lesneven, offre un bon type de ces croix. Lam-marc'h et Lam-ar-zant rappellent une merveilleuse chevauchée de saint Guinien. A côté de la

La croix déjà nommée, *Croas-ar-Vurzun*, auprès de laquelle se termina le combat de Trémaouézan, n'a pas de lance à crochets, mais, au bas de son fût, est une figure en forme d'amande, qui est ou une navette ou un fer de lance, ou encore un bouclier de l'époque normande. Ajoutons qu'on distingue aussi, tant bien que mal, en son centre, un rudiment de croix pattée.

Enfin, à un km. du lieu de la rencontre, en tirant vers l'Ouest, on trouve une pièce de terre dénommée *Parc-Lam-Saoz*, champ de la chute du Saxon. Nous ne saurions dire si ce nom est un autre souvenir du combat dont il vient d'être question. On serait autorisé à le soutenir, car si le mot *Saoz* désigne aujourd'hui exclusivement les Anglais, originairement il s'appliquait aux Saxons, au Danois, Normands, etc., c'est-à-dire à tous les peuples septentrionaux qui, empruntant la voie de la Manche, vinrent tour à tour, depuis les temps où commence notre histoire, ravager les côtes et les campagnes bretonnes.

Quoiqu'il en soit, aimons à croire, comme semble l'insinuer le nom de *Lam-Saoz* resté à

---

croix, une roche, aujourd'hui recouverte de gazon, porte, dit-on, l'empreinte des pieds de son cheval. (V. Kerdanet, *l. ocitc.*, 221, 222.

l'un de nos champs, que la mêlée entre les gens de Trémaouézan et les hommes du Nord se termina par la déconfiture de ces derniers.

IV.

Les Moines

Suivant une autre tradition, Trémaouézan aurait jadis appartenu aux *Menec'h-ruz*, les moines rouges, c'est-à-dire les Templiers, et aux héritiers de leurs biens, les Hospitaliers de Saint-Jean de Jérusalem.

Ce qui semble donner raison à cette tradition, c'est d'abord l'existence très ancienne à Trémaouézan du culte de Saint Jean, patron principal des Templiers, culte que rappellent une belle chapelle dédiée au saint Précurseur dans l'église, une fontaine monumentale, et des reliques du saint, vénérées de temps immémorial dans la trève.

On sait aussi que les Templiers aimaient à semer de croix les chemins qui sillonnaient leurs propriétés. Or, toute la région de Trémaouézan, Ploudaniel, Plouédern et Plounéventer, est couverte de vieilles croix de granit qui portent l'estampille des Chevaliers du

Temple, c'est-à-dire la croix orientale ou pattée inscrite dans un cercle (1), et les trois
points, allusion au nombre Trinitaire vénéré
des Templiers. Il reste à Trémaouézan trois
croix de ce genre. L'une d'elles, *Croaz-Poull-
ar-Guilly*, plantée au bord d'un vieux chemin,
à 400^m à l'Est du bourg, est particulièrement
intéressante. Haute seulement de 1^{m}25, mais
forte, massive, la branche supérieure termi-
née en bâtière, les bras s'élargissant aux
extrémités, elle porte dans sa partie centrale
une croix pattée entourée d'une couronne de
perles; sur ses croisillons les trois points qui,
d'après une certaine opinion, seraient l'origine des fameux points maçonniques, et, au
bas de son fût, une fleur de lys.

Malgré ces indices, nous tenons pour certain que la tradition exagère. Aucun document écrit ne vient l'appuyer. Les Chartes
du Duc Conan, qui contiennent la nomenclature des biens des Templiers et des Hospitaliers en Bretagne, ne fournissent aucun nom
susceptible d'être identifié avec celui de Trémaouézan. Il est vrai que cette nomenclature

------

(1) On voit cinq croix du même genre sur les murs
de l'église de la Martyre qui, d'après Ogée, a longtemps appartenu aux Templiers. — Mêmes croix en
Plouvien, auprès de St-Jean-Balaznant, ancienne com-
manderie de l'Ordre de Malte.

ne semble pas complète, puisqu'elle se termine par un « et cœtera » et que les susdites Chartes donnent confirmation aux intéressés, tant pour leurs biens *à acquérir* que pour leurs biens acquis : « et cetera et acquisita et acquirenda ». A la rigueur donc, on pourrait, nonobstant le silence de ces listes, soutenir que les Templiers et leurs successeurs ont possédé des biens à Trémaouézan, mais nous ne le croyons pas, et voici, selon nous, à quelles proportions il faut ramener les souvenirs populaires :

La croix de *Poul-ar-Guilly* est ornée d'une fleur de lys, armes des anciens seigneurs de Trémaouézan, les de l'Isle. C'est donc eux qui l'on fondée. On y voit de plus des signes que l'on peut attribuer aux Templiers. Cela signifie pour nous que le membre de la famille de l'Isle qui a érigé cette croix était affilié à l'Ordre du Temple. Ce chevalier aura rapporté de Palestine les reliques de Saint Jean, dont on parlera plus loin, et, naturellement, la présence de ces reliques aura déterminé une sorte de pèlerinage des Templiers de la région vers l'église qui les abritait. Les gens de Trémaouézan auront donc vu passer souvent au milieu d'eux les Chevaliers du Temple avec leur habit blanc orné d'une croix

rouge et les Hospitaliers avec leur cotte d'armes écarlate, et cela aura suffi pour perpétuer
jusqu'à nos jours leur souvenir dans la
paroisse.

Croaz Poull-ar-Guilly.

Chapitre III

L'ÉGLISE

Nous ne savons rien de l'église qui a précédé celle d'aujourd'hui, sinon qu'elle était l'objet d'une grande vénération puisque le testament d'Hervé de Léon, en 1361, lui assigne en don dix moutons d'or. (1)

Quant à l'église actuelle, le Père Cyrille Le Pennec, dans son « Histoire des Eglises et Chapelles de Nostre Dame bastyes en l'Evesché de Léon », qui fut imprimé à Morlaix en 1647, a laissé à son sujet les lignes que voici :

« Dans la paroisse de Ploudaniel, il ne se peut rien voir de plus celebre comme l'Eglise de Nostre Dame de Tremavouëzan; la saincte Vierge a souvent honoré ce sainct lieu de grand nombre de preuves indubitables de sa benigne faveur à l'endroict de plusieurs qui se sont vouez à elle: ce que témoigne assez à

____

(1) Dom Maurice, Preuves, I, 1563.

clair la rare dévotion du peuple des paroisses et des villes circonvoisines, qui continue toujours à la fréquenter. Ceste belle chappelle est artistement bastye et a la sacristie bien meublée de riches ornements et argenterie. Le seigneur baron de Penmarch a ses armes en supériorité dans le chœur et la neff ; dans le clocher, se voient les armes en bosse du très illustre seigneur Alain de Coativy, cardinal, avec celles de la seigneurie de Penmarch. Ceste dévote chappelle est grandement considérée et hantée, nommément en temps de peste et maladies contagieuses. » (1).

I.

Coup d'œil général

L'aspect de l'église de Trémaouézan est aujourd'hui à peu près le même qu'au temps où le Père Cyrille visitait en dévot pèlerin les sanctuaires de Notre-Dame dans le Léon. Seul le clocher a quelque peu changé de physionomie depuis son passage.

La partie de beaucoup la plus ornée de l'église c'est la façade Sud avec son magnifique porche de style Renaissance et, à côté de

____

(1) Dans la **Vie des Saints** d'Albert Le Grand, Edition Kerdanet, p. 507.

lui, un pignon gothique dans lequel s'ouvre une immense fenêtre flamboyante à quatre meneaux. Le chevet, à l'Est, est percé d'une ouverture de même forme et dimension que la précédente. Quant à la partie Nord de l'édifice, elle est moins exposée aux regards et aussi plus négligée.

A l'intérieur, le temple affecte la forme d'une équerre dont la grande branche est figurée par une nef accompagnée de bas-côtés, et la petite, par une chapelle ouverte dans le flanc Midi du chœur. Longue de 26^m et large de 12, sans compter la chapelle de croix qui mesure 8×7, l'église est, on le voit, relativement vaste pour la petite population qu'elle dessert.

On ne saurait trop admirer la nef avec ses belles arcades et ses élégants piliers cantonnés de colonnettes et couronnés de chapiteaux feuillagés. Les bas-côtés, si souvent négligés dans nos églises rurales, sont ici embellis par des arcades à courbure originale, sortes d'arcs-boutants intérieurs dont les têtes viennent retomber sur les colonnes de la nef et sont du plus heureux effet.

On remarquera aussi, disséminés çà et là dans l'église, de petits bénitiers en pierre de Kersanton finement fouillée, les uns de style gothique, les autres dans le genre de la Renaissance.

Enfin, on n'oubliera pas d'accorder un regard aux curieux bustes que l'on a plaqués de distance en distance contre la corniche denticulée de la nef. D'un côté les hommes, de l'autre les femmes. On dirait que le sculpteur a voulu nous donner là, comme en une galerie, un double spécimen des différents représentants de la société du vieux temps. On croit en effet reconnaître, d'une part, des seigneurs, des magistrats, des négociants, des moines, des truands, et, en face, des dames de la cour, des religieuses, des bourgeoises, des femmes du peuple. Tout ce monde se regarde à travers la nef, les uns se souriant, les autres se dévisageant d'un air plutôt maussade...

Ces bustes, que nous avons pu contempler de près, nous ont semblé d'une exécution remarquable. Nous pensons qu'ils sont de 1599. C'est du moins la date qu'on lit sur la sablière du bas-côté midi, au-dessus de la porte d'entrée du porche.

II.

Date de l'Eglise

Les dates gravées de tous côtés sur les murs de l'église, au chevet, à la chapelle de croix, au porche, au-dessus de la porte de la tour et dans le fronton de quelques fenêtres, indiquent les remaniements et agrandissements dont l'édifice a été l'objet au cours des siècles. Seule une date fait défaut, celle de la fondation première. Cherchons-la:

L'architecture du xve siècle est nettement accusée dans les arcades et les colonnes des quatre travées inférieures de la nef; on la reconnaît également dans les sculptures qui ornent la porte double du fond du porche, dans quatre ou cinq fenêtres et dans les parties de la façade Ouest, que la restauration de 1714, dont nous parlons plus loin, a laissées intactes.

Le Père Cyrille a vu les armes du seigneur de Penmarc'h en supériorité dans le chœur et la nef: en effet, la famille de ce seigneur était « fondatrice et première prééminencière de l'église de Trémaouézan » (1) et, dans cette famille, il y eut un Jean de Penmarc'h « qui

____

(1) **Archives de Trémaouézan, acte prônal de 1676.**

fut prêtre et bienfaiteur de Tremaouezen, où
l'on voit son tombeau (1) ». Ce prêtre était
même, en 1459 (2), recteur de Ploudaniel et,
par conséquent, de Trémaouézan, qui n'en
était qu'une subdivision. C'est donc, à n'en
pas douter, à ce Jean de Penmarc'h que l'on
doit l'église de Trémaouézan. Il eut pour coo-
pérateur le cardinal Alain de Coëtivy, dont la
famille était alliée à celle de Penmarc'h (3).
Ce prélat, qui n'avait « pas esté des derniers
à contribuer de ses biens et richesses à la
construction (4) » de l'église du Folgoët, dût
se montrer aussi généreux à l'égard de Trémaouézan. C'est pour cette raison qu'il eut
le privilège d'avoir ses armes dans le clocher, à côté de celles de la seigneurie de Penmarc'h. Or Alain de Coëtivy, créé cardinal en
1448, mourut en 1474 (5). D'autre part, en

(1) M. de Kerdanet, **loc. cit.**, p. 104.

(2) **Bull. de la Com. dioc. d'archit. et d'archéol.**
1914, p. 123.

(3) Sa Sœur Alix avait épousé Henri de Penmarc'h.
(Kerdanet, *loc. cit.*, p. 100).

(4) **Ibid**, p. 100).

(5) Alain de Coëtivy naquit le 8 novembre 1407
au manoir de Coëtlestrémeur, en Plounéventer. Il devint archevêque d'Avignon et fut élevé, le 20 décembre 1448, à la dignité de cardinal du titre de
saint Praxède. Après avoir beaucoup contribué à faire

1549, Jean de Penmarc'h devait toucher à la fin de son rectorat à Ploudaniel, car il semble que Yves Le Grand lui ait succédé tôt après. Ce serait donc entre 1448 et 1459 qu'il faudrait placer la construction de l'église de Trémaouézan (1).

élire Calixte III, en 1455, il fut envoyé l'année suivante comme légat en France et en Bretagne, pour la canonisation de saint Vincent Ferrier. C'est alors (17 juin 1456) qu'il obtint l'évêché de Dol en commande. Quand il venait en Bretagne, il résidait au château de Penmarc'h, en Saint-Frégant, pour être près de la dévote chapelle du Folgoat, nous dit le P. Cyrille Le Pennec. Il fut le grand bienfaiteur de cette église, et il s'y était fait préparer un tombeau, mais il mourut à Rome, le 22 juillet 1474, et fut enterré dans l'église de Saint-Praxède.

V. Levot, **Biographies bretonnes**, art. Coëtivy, et A. Le Grand, **Vie des Saints**, Edit. Kerdanel, p. 100, 120, 121, 148 et 236, 238.

(1) D'après une délibération du 17 juin 1792, l'église de Trémaouézan a été consacrée. Les membres du conseil général de la commune de la trève de Trémaouézan donnent à Jean Hamon, fabrique en charge, pouvoir et procuration de faire blanchir l'intérieur de l'église « et de renouveler les douze croix qui sont peintes sur les murailles, qui désignent la consécration de l'église de Trémaouézan, le tout conformément aux registres qui se trouvent dans les archives. » (Ecrit de la main de M. Huguen, desservant de la trève pendant la Révolution).

III.

Agrandissement du Chœur

Jean de Penmarc'h et le Cardinal de Coëtivy laissèrent malheureusement leur œuvre inachevée. Les arcades des bas-côtés, bien que prévues dans le plan des constructeurs, restèrent à faire; une seule, celle qui est au bas du collatéral Sud avait été mise en place pour servir de modèles aux autres. Le chœur, qui s'annonçait très beau, fut également négligé. On devait l'entourer d'un *chancel* ou clôture en pierre dont on voit encore les amorces dans les piliers de l'entrée du sanctuaire; cette clôture est restée à l'état de projet. La mort est-elle venue surprendre Jean de Penmarc'h au cours des travaux? On est tenté de le croire. Quant au Cardinal de Coëtivy, on peut conjecturer avec vraisemblance qu'il était aller porter ses libéralités sous d'autres cieux, si bien que l'on dût finir tellement quellement l'œuvre qui avait été si bien commencée.

Une centaine d'années après la construction de l'église s'ouvre la période des remaniements et agrandissements. Les bâtisseurs primitifs avaient fait l'église un peu sombre. Les fenêtres qu'ils lui avaient données, de médiocres dimensions sur la façade Midi, étaient ridiculement petites du côté Nord. Elles étaient, en outre, bardées de fer et, sur quelques-unes de celles qui existent encore, se voient les traces des scellements et la place des barreaux.

Ces ouvertures constituaient donc des meurtrières plutôt que des fenêtres; c'était une mesure de précaution: l'église primitive avait probablement subi de gros dommages au cours des incursions normandes et durant la longue et désastreuse guerre qui s'achevait; (1) on voulut donc que le nouveau temple fût à l'abri d'un coup de main et en mesure d'offrir, en cas de besoin, un refuge à la population qui vivait dans son voisinage. Telle est, croyons-nous, la raison de ces ouvertures étroites et du grillage protecteur qui les entourait.

La sécurité étant revenue, les tréviens, las de prier dans une église trop obscure, voulurent plus de lumière. On leur donna un commencement de satisfaction en agrandissant le chœur et en pratiquant de grandes fenêtres sur son pourtour.

Pendant qu'on remaniait ainsi l'extérieur du sanctuaire, on en refaisait l'intérieur. Deux

____

(1) La guerre de Cent ans.

arcades y furent construites dans le prolongement de celles de la nef, avec toutefois une légère inflexion à gauche quand on regarde le chevet. Mais on voit avec regret que les nouvelles arcades et les piles octogones qui les soutiennent sont beaucoup moins soignées que celles de la nef.

Ce travail s'exécutait en 1555, date que l'on trouve à l'extérieur, au-dessus de la fenêtre de l'abside où un ange tient une banderolle sur laquelle on lit l'inscription suivante en caractères gothiques :

1555 : O : LETI

O : BOURHIS

Ce sont probablement là des noms de marguilliers de l'église. Nous trouvons un O. Bourhis, fabrique en 1532; un Yves Leti remplit les mêmes fonctions en 1597 et en 1600.

Après avoir refait le chœur, il fallait l'orner. On l'entoura d'une clôture en bois qui a été démolie il y a environ trente-cinq ans. Une tiare et une croix papale à trois branches, qui décore aujourd'hui la cloison terminale de la nef, devant la tour, sont les seuls restes de ce chancel.

Un autre monument, dont la disparition est

plus ancienne, mais non moins regrettable, c'est le *Jubé* qui séparait le chœur de la nef et dont on trouve deux mentions dans les comptes de la fabrique, l'une en 1652 où l'on paye, à François Madec pour avoir fait des degrés pour monter au jubé, 45 livres; l'autre, en 1658, où Yvon Blons lègue à l'église une parcelle de terre chaude, à condition d'avoir une tombe sous le degré du jubé dans la chapelle Saint Jean.

IV.

La chapelle de Saint-Jean-Baptiste

En 1597, l'église se trouva considérablement agrandie par l'adjonction d'une vaste chapelle appelée dans les papiers de la fabrique la chapelle de saint Jean, la chapelle de Mézarnou ou la chapelle neuve. Elle a été bâtie, dit-on, en reconnaissance d'une guérison obtenue par l'intercession du saint Précurseur, honoré de temps immémorial à Trémaouézan.

Un jour, quelques personnes venant de la direction de Lesneven se rendaient en pèlerinage à Trémaouézan. Dans le groupe, il y avait une jeune fille aveugle. C'est pour elle que l'on venait. Parvenus à la lisière des bois de Ploudaniel, à l'endroit où l'on n'a plus devant soi que l'immensité plate des marais de Langazen, les voyageurs se mirent à genoux pour saluer le sanctuaire qui était le but de leur pieux pèlerinage, et adresser une fervente prière à Notre-Dame et à Saint Jean, guérisseur des maux de la vue. Au moment où l'on se relevait, la jeune aveugle poussa un cri de joie: elle voyait, elle apercevait au loin, dans une sorte de brouillard, le clocher de Trémaouézan. Les pèlerins poursuivirent leur chemin. Les prières qu'ils faisaient maintenant étaient déjà des chants de grâces, car le miracle qu'ils venaient demander était à moitié obtenu. On fut vite rendu à l'église, et, quand on en sortit, la guérison espérée était complète: Notre-Dame et Saint Jean avaient donné au sanctuaire où on les honorait une preuve de plus de leur bénigne faveur.

La légende populaire n'a pas retenu le nom de famille de la miraculée. Les Tréviens ne l'appelaient que *an Dimezel ven* (la demoiselle blanche), sans doute parce que, vouée à la Sainte Vierge, elle parut souvent parmi eux tout de blanc habillée. On sait cependant qu'elle appartenait à une maison noble du pays, et que c'est à cette maison que l'on doit la chapelle Saint-Jean, ainsi que la croix dite *Croas-al-Lan*, dont il ne reste plus que le soubassement et qui s'élevait sur les confins de Trémaouézan et de Ploudaniel, à l'endroit où la jeune fille avait commencé à voir. On prétend aussi qu'un jour on vit les fondateurs de Saint-Jean venir remettre aux mains des fabriciens de Trémaouézan un baril d'argent pour faire les frais de la nouvelle construction. C'est une manière de dire que les donateurs étaient fort riches.

Les souvenirs populaires ne sont pas en défaut: les fondateurs de la chapelle neuve, ce sont les *Carman*, dont la fortune était si universellement connue que l'on disait d'eux, comme un proverbe: « Richesse de Carman. »

Antérieurement à la fondation de Saint-Jean, et même de l'église actuelle, les seigneurs de ce nom étaient — nous l'avons dit plus haut — fondateurs-patrons et premiers prééminenciers de l'église de Trémaouézan, et cela à cause de leur Seigneurie des *Granges*. (1) Il reste dans la chapelle neuve deux

---

(1) **Les Granges**, en breton **Ar C'hranchou**, village en Plouédern, à 2 km. au S.-O. du bourg de Trémaouézan. « Les religieux cisterciens n'avaient pas de prieurés proprement dits. Lorsqu'ils possédaient quelque part, loin de leur abbaye, des terres ou des dîmes un peu considérables, ils construisaient

écussons à leurs armes. L'un d'eux surmonte le bénitier que l'on voit à l'intérieur auprès de la porte d'entrée de la chapelle. Il a été mutilé par la Révolution, ce qui n'empêche pas que l'on distingue encore très bien la trace des chevrons (1) dont il était orné. L'au-

en ces lieux ce qu'ils appelaient une grange, c'est-à-dire une maison de ferme, s'il y avait des terres ; une simple grange dîmeresse, s'il n'y avait que des dîmes, et toujours une chapelle où ils faisaient dire des messes pour leurs bienfaiteurs ». Guillotin de Corson. **Pouillé de Rennes,** T. II, p. 774.

Les évêques et les seigneurs laïcs ont également eu des Granges.

Il y a des villages du nom de **Grange,** en Clohars-Carnoët, près de l'ancien prieuré de Doëlan, en Dirinon, à mi-route de Daoulas ; en Lannilis, Plougasnou, Plourin-Morlaix, Saint-Pol de Léon, à côté de l'ancienne abbaye de Lanvaux, etc...

Les Granges de Plouédern (**ar c'hranchou, an tuchennou, les buttes**) sont remarquables. Elles consistent en trois antiques camps retranchés, de forme arrondie, disposés en triangle : deux d'entre eux, côte à côte, séparés seulement par une douve ; le troisième à une quarantaine de mètres en avant des premiers. Ces camps ont de sept à huit mètres de hauteur au dessus des douves, et environ trente mètres de diamètre. Une masse de ruines d'une dizaine de mètres d'élévation au centre de l'un d'entre eux paraît être les restes d'une ancienne tour féodale. Cf. **Bulletin de la Société Archéologique du Finistère,** 1916, p. 103.

(1) Les Carman, à l'époque qui nous occupe, blasonnaient **d'argent à trois chevrons de gueules et un lambel d'azur.** (Jourdan de la Passardière).

tre est intact. Haut percé — il se trouve au point d'intersection des voûtes de la chapelle et de la nef principale — et à peu près invisible à l'époque où les vandales s'acharnaient à faire disparaître de partout « les signes de féodalité », il a échappé à la destruction.

M. de Kerdanet (1) dit avoir vu dans l'église de Trémaouézan une « peinture ancienne représentant la Vierge, d'un côté, et, de l'autre, une belle dame, qui tient un lys de la main gauche, et montre, de la droite, une légende dont il ne reste que ces mots: « Ama len ». Ce tableau n'existe plus. Nous pensons qu'il rappelait le miracle dont il a été question plus haut, que la dame au lis (2) était la personne qui en bénéficia (an dimezel ven), et que la légende qui commençait par les mots: Ama len.. (ici même), rappelait le fait et en donnait la date.

La chapelle Saint-Jean donne à notre église un air de parenté avec Le Folgoët, dont la chapelle de croix est, comme la nôtre, disposée en retour d'équerre dans la même orientation, et percée aussi de grandes fenêtres sur

____

(1) Loc. cit., p. 507.

(2) Ce lys peut aussi rappeler la famille de l'Isle qui portait: **Bandé d'or et d'azur au canton de gueules chargé d'une fleur de lys d'argent qui est de l'Isle.**

les faces Est et Sud. (Chez nous, la fenêtre Est a été bouchée). Les Carman ont évidemment voulu tenir auprès de N.-D. de Trémaouézan la place qu'ils tenaient auprès de N.-D. du Folgoët, et avoir leurs prééminences aux mêmes endroits, comme ils en avaient le droit en leur qualité de fondateurs.

Mais, tandis que la chapelle du Folgoët est d'une construction parfaitement homogène, la nôtre offre un mélange de styles qui ne laisse pas que d'intriguer. On trouve dans sa façade, que termine un fronton aux rampants ajourés, une énorme fenêtre ogivale à quatre meneaux et à tympan flamboyant; à ses côtés, un minuscule quatre-feuilles qui paraît notablement plus âgé que sa grande voisine; au-dessous, une petite porte très élégante avec son arc en anse de panier surmonté d'une contrecourbe, et enfin, sur les angles, des contreforts dans le genre de la Renaissance.

A l'intérieur, — toujours dans le même mur — on relève une autre singularité: un vieil enfeu, pour se faire place, a dû entamer le rebord inférieur de la fenêtre sous laquelle il se trouve, un peu à gauche.

Plusieurs périodes architecturales sont donc représentées sur cette façade qui, d'après nos archives, a été construite en 1597, date qu'on lit d'ailleurs à côté de la grande fenêtre.

Cet amalgame de styles ne peut s'expliquer que d'une façon: les morceaux relevant de l'art gothique, sauf peut-être la baie ogivale, existaient avant la construction de la chapelle. Pour la porte, il ne peut y avoir de doute. Quand on l'examine de près, on s'aperçoit qu'elle est entièrement indépendante du mur dans lequel elle est encastrée, et que les pierres qui portent les sculptures du pinacle de gauche n'ont pu s'accorder avec celles du contrefort voisin. Cette porte est donc venue d'ailleurs. D'autre part, il ne faut qu'un simple coup d'œil pour voir quel mauvais ménage font les assises inférieures du pignon avec les contreforts qui leur servent d'appui. Quant à la fenêtre ogivale, rien n'empêche d'admettre qu'elle date de 1597: ce n'est pas seulement à Trémaouézan que l'on voit des fenêtres gothiques entourées d'ornements Renaissance. Elle a cependant pu être construite en 1555, lors de la réfection du chœur, en même temps que la grande fenêtre de l'abside dont elle n'est qu'une copie.

Mais alors, si la fenêtre, le pignon, la porte de Saint-Jean sont plus anciens que la chapelle, où étaient-ils auparavant? Nous pen-

sons qu'ils se trouvaient dans le mur du
chœur qu'il a fallu démolir lors de la construction de Saint-Jean. On n'a donc eu qu'à
les remonter à l'endroit qu'ils occupent maintenant. L'architecte a dû obéir à une nécessité: celle de placer dans la nouvelle bâtisse
des pièces toutes faites et que l'on tenait à
utiliser, soit par raison d'économies, soit plutôt pour satisfaire aux exigences des seigneurs prééminenciers de l'église.

Reste à expliquer la présence, à côté de la
grande baie ogivale, de la toute petite fenêtre
en quatre-feuilles et, à l'intérieur, du vieil
enfeu déjà mentionné.

Ici, nous n'en sommes pas réduits aux hypo-
thèses: ces deux reliques du XVe siècle ont
leur histoire. En 1676, le recteur (1) trouvant
sa sacristie trop petite et le bas-côté Nord
de l'église trop peu éclairé — en 1555, on
n'avait agrandi de ce côté, que la fenêtre la
plus rapprochée de l'abside — voulut remé-
dier à ces incommodités. Mais, comme on ne
pouvait toucher à l'église sans le consentement des seigneurs prééminenciers, avant
de rien faire on les convoqua. Les deux
principaux d'entre eux, le marquis de Poulpry « fondé en pouvoir de dame Anne-

______

(1) De Ploudaniel dont dépendait Trémaouézan.

Gabrielle-Louise de Penmarch, son épouse » et le chevalier de Penancoët, acquéreur des droits du marquis de Carman, se rendirent à la convocation; les autres se firent représenter. Pour construire les fenêtres projetées dans le bas-côté Nord, il fallut démolir une petite ouverture en quatre-feuilles ou « en forme de roze » que le seigneur de Penancoët tenait absolument à conserver. Force était également de démolir un enfeu qui abritait la tombe du fondateur de l'église, Jean de Penmarc'h, ce à quoi, de son côté, le marquis du Poulpry ne voulut consentir. Le recteur insista, et une solution intervint qui contenta les parties: on pensa que la grande fenêtre de la chapelle Saint-Jean ne prendrait pas ombrage du voisinage de la rose (1), et on lui adjoignit cette dernière pour compagne. L'enfeu de Penmarc'h passa en même temps du côté Nord au côté Midi de l'église, où il fut logé, non sans quelque peine, à la place qu'il occupe à présent. (2)

C'est donc à l'intervention de seigneurs jaloux de revendiquer leurs droits honorifi-

---

(1) Pour trouver à cette petite fenêtre la forme d'une rose, il faut la regarder de l'intérieur de l'église.

(2) Acte prônal de 1676. **(Arch. de Trémaouézan).**

ques que nous devons le composé hybride qu'est la chapelle Saint-Jean. Faut-il leur en vouloir? Il est évident que c'eût été un crime de détruire la tombe du vénérable fondateur de l'église.

Il faut aussi reconnaître que la petite porte gothique méritait d'être conservée. Quant au quatre-feuilles, on pouvait le sacrifier sans grand dommage pour l'esthétique, bien qu'il y aille, lui aussi, de sa note pittoresque.

Cette question de prééminences qui a agité le moyen-âge et dont les archives de nos paroisses gardent le souvenir, a eu son bon et son mauvais côté: elle a été une cause d'innombrables procès et a déparé de belles églises, mais elle a sauvé aussi des œuvres précieuses, et, si nos vieux seigneurs n'ont pas toujours su mettre au bon endroit ce qu'ils voulaient conserver, du moins ils ont conservé. Notre commission moderne des Beaux-Arts ne fait pas autre chose.

V.

Le porche des Apôtres

Toujours sur le flanc Sud de l'église, à trois mètres à peine de la chapelle de saint Jean, s'élève un majestueux porche Renaissance au frontispice en pierre de Kersanton, commencé en 1610 — date qu'on lit à l'intérieur, à main droite — et achevé en 1623, d'après le millésime sculpté à l'extérieur sur la frise. Au pied de la statue de saint Pierre est *un calice* (1) sous lequel on lit : H. F. 1633. Ces lettres H. F. sont évidemment les initiales de Hervé Fily, curé de Trémaouézan de 1625 à 1636.

C'est à la famille de Penmarc'h, déjà bienfaitrice de l'église de Trémaouézan, en la personne de l'ancien recteur de Ploudaniel, que l'on doit, en partie du moins, le porche des apôtres. Aussi lit-on, dans l'acte prônal relatif à la construction de la sacristie, que cette famille était en droit d'avoir ses armes... dans le portique et porche... prohibitvement à tous autres.

Marie de Tuonmelin (Tromelin), dame du Bourrouguel, en Plouigneau, avait épousé, en

______

(1) Le calice sur les monuments, maisons, statues, croix, etc., indique ordinairement qu'ils sont dus à des ecclésiastiques. Le calice était, en quelque sorte, la signature, les armoiries du prêtre. — Sur la route de Trémaouézan à Trégarantec, en face du village de Kervilien, croix avec deux écussons portant des calices accompagnés des lettres S. E. Autre croix avec calice, en Plouédern, sur la route de Trémaouézan à la Roche-Maurice. Plusieurs autres dans le voisinage de l'Abbaye du Relecq, en Plounéour-Ménez, avec le même ornement indiquant qu'elles sont l'œuvre des anciens moines.

1563, le baron de Penmarc'h. Dès l'année suivante, on la voit — probablement à l'occasion de la naissance de son premier enfant — se recommander à N.-D. de Trémaouézan, en lui léguant, par un contrat du 12 août, trois pièces de terre au terroir de Pellan, en Ploudaniel. En retour, la fabrique de la Trève devait faire chanter après le décès de la donatrice, un service funèbre, chaque année, le 2 février, jour de la Purification. Ce service a été célébré jusqu'à la Révolution.

Marie de Tromelin avait projeté de faire davantage pour Trémaouézan, mais, devenue veuve en 1580, elle s'était remariée, en 1588, avec Anne de Sanzay, comte de Magnanne, dont les exploits, pendant les guerres de la Ligue, rappellent ceux du trop fameux La Fontenelle, et ce ne fut que longtemps après qu'elle put contribuer à doter l'église de Jean de Penmarc'h du porche que celui-ci avait laissé à faire (1).

La construction du porche dura treize ans. Nous ne connaissons pas la cause qui fit ainsi

----

(1) Cf. Kerdanet, loc. cit., p. 104, et Pol de Courcy, **Nobiliaire.** — Sur les exploits de la Magnanne, voir La Borderie, **Hist. de Bretagne,** T. V, p. 295, et J. Baudry, **La Fontenelle le Ligueur et le Brigandage en Basse-Bretagne pendant la Ligue.**

traîner les choses en longueur. Peut-être est-ce un procès entre l'entrepreneur et la fabrique, peut-être aussi l'éloignement ou la mort de Mme de Sansay. Elle était en effet plus que sexagénaire au moment où commençaient les travaux (1).

Le porche de Trémaouézan est une des plus belles œuvres de l'architecture Renaissance dans notre région. S'il ne peut rivaliser avec d'autres pour les dimensions, pour la richesse et la variété des sculptures, il est l'égal de tous par son élégance et le fini de son travail.

L'arcade d'entrée en plein cintre repose sur deux colonnes doriques cannelées et à tambours. A droite et à gauche du portail, deux autres colonnes aux chapiteaux d'ordre corinthien supportent la frise sur laquelle on lit :

DOMVS : MEA : DOMVS : ORATIONIS : VOCABITVR.

Au-dessus, sur toute la largeur de la façade règne une galerie saillante avec balustrade, communiquant avec une chambre qui servait

----

(1) Un aveu fourni en 1617 par la fabrique de Trémaouézan à Messire René, baron de Penmarc'h, et au bas duquel est un reçu signé Jeanne de Sansay, laisse supposer que Marie de Tromelin mourut avant 1617.

autrefois à renfermer les archives. Plus haut, une niche à coquille abrite une statue de la Vierge-Mère. En arrière, apparaît le pignon du porche aux rampants ornés de volutes, et s'amortissant en un haut campanile, dans lequel il y avait autrefois, paraît-il, une cloche que l'on sonnait pendant les orages.

Les contreforts d'angle du porche, assis sur de puissants stylobates et couronnés de clochetons, abritent, dans des niches, quatre statues: à droite, une belle représentation du Père-Éternel coiffé de la tiare et tenant entre ses bras le corps inanimé de son divin Fils; à ses côtés, saint Vincent-Ferrier, drapé dans son manteau de dominicain. Cette statue, qui se trouvait naguère à l'intérieur de l'église, présente tous les caractères du xve siècle. Elle est, croyons-nous, un don du cardinal de Coëtivy à l'église qu'il avait fait bâtir et, par conséquent, une des plus anciennes représentations que l'on ait de saint Vincent. Le prélat avait tenu le rôle de commissaire, et de commissaire très actif, au procès de canonisation de l'illustre Frère-Prêcheur, et présidé les grandes fêtes qui eurent lieu à cette occasion à Vannes, en 1456. Saint Vincent était donc un peu « le saint » du cardinal breton.

A gauche du portail, en chape, mitre et

crosse, saint Gouesnou, dont on a dit un mot à propos du nom de Trémaouézan. Auprès de lui, saint Fiacre, en costume monacal et tenant une bêche.

A remarquer aussi, au milieu de la frise, un buste de Notre-Seigneur bénissant, et tenant la boule du monde; aux extrémités, deux élus — dont un moine — dans des poses extatiques, et, un peu partout, sur les nus du mur, à la base des contreforts et dans les ébrasements de l'entrée, aux clefs de voûte et dans les entablements supérieurs, des têtes de chérubins, des satyres, des masques, un élégant seigneur engoncé dans la collerette en vogue au temps d'Henri IV, et enfin des têtes populaires enlaidies à plaisir. Toutes ces figures sont d'une remarquable finesse d'exécution.

Au fond du porche, deux portes jumelées, encadrées d'une riche arcature ogivale, donnent accès dans l'église. Contre le trumeau qui sépare les deux entrées est une niche gothique contenant une statue de Vierge-Mère du xv siècle. Ceinte d'une couronne à hauts fleurons, admirablement drapée dans son vêtement aux plis souples et harmonieux, la Madone se rejette légèrement en arrière pour mieux contempler son petit Enfant à qui elle présente une pomme en souriant.

Les gens de Trémaouézan ont cette Vierge en grande vénération. En passant auprès d'elle, ils ne manquent jamais de toucher les pieds de la statue, de porter ensuite leurs doigts à leurs lèvres, et de se signer dévotement (1).

Des deux côtés du porche, tenant compagnie à la Vierge et à son divin Fils, sont les douze apôtres avec leurs attributs traditionnels. Les niches qui les renferment, séparées par des colonnes ioniques et reposant sur un soubassement à pilastres cannelés, ont pour couronnement des dais magnifiquement sculptés et surmontés de croissants.

Quelle origine attribuer à ces croissants que l'on trouve encore au porche de Saint-Houardon de Landerneau (1604), autour de l'église de Gouesnou (1607), et au château de Kerjean, en Saint-Vougay, lequel fut édifié de 1553 à 1590?

Pitre-Chevalier dit, dans son histoire de Bretagne (p. 505), que le croissant fut très employé comme motif d'ornementation, sous le règne d'Henri II. On sait que c'était là les

____

(1) Tout le fond de ce porche était autrefois peint et doré.

armes de la favorite de ce souverain, Diane de Poitiers. Au château d'Anet (Eure-et-Loir), qui avait été construit pour elle, cet attribut d'Artémis avait été prodigué. A Kerjean, dont certaines dispositions font penser au château d'Anet, on le voit aussi en plusieurs endroits, surmontant une figure que l'on dit être celle de Diane. On peut donc croire que les croissants de Kerjean rappellent, comme ceux d'Anet, la célèbre duchesse de Valentinois.

Toute autre est, croyons-nous, l'origine des croissants de notre porche.

Il suffit de jeter un coup d'œil sur les porches de Trémaouézan et de Landerneau pour se convaincre qu'ils sont de la même famille et qu'il y a même entre eux une très étroite parenté. A l'extérieur, les grandes lignes et une foule de détails sont les mêmes. A l'intérieur — si l'on excepte chez nous le mur du fond, qui est comme on l'a vu, bien antérieur au reste — ils se ressemblent tellement que n'étaient les dimensions qui sont plus considérables à Landerneau, on pourrait adapter à l'un un certain nombre des pièces de l'autre. Une chose est donc indubitable : les deux portiques qui n'ont, d'ailleurs, que six ans de différence d'âge, sont sortis du même chantier qui ne pouvait être qu'à Landerneau. Les pierres numérotées, que l'on aperçoit dans la voûte du nôtre, indiquent que le chantier où elles ont été taillées ne se trouvait pas à Trémaouézan.

Remarquons maintenant sur les croissants de l'intérieur du porche de Landerneau un détail significatif: un profil humain est découpé dans leur concavité. Il y a donc pas à hésiter: ce n'est pas le croissant héraldique — lequel ne porte ordinairement pas de figure couchée entre ses cornes — que le sculpteur de Landerneau a voulu représenter, mais bien le croissant lunaire. Et nous voilà à la fameuse lune de Landerneau. Et voilà aussi comment cette lune a donné naissance à celles plus modestes de notre porche.

Quant à l'origine de cette lune elle-même qui a donné à Landerneau une renommée quasi-européenne, nous regrettons de ne pas la connaître. On la prétend ancienne. « Il est un vieux dicton breton qui dit: « *An nep a ia euz a Landerne da Lesneven, al loar a bar var e gein, hag an heol var e dal.* A la lettre, celui qui va de Landerneau à Lesneven, la lune brille sur son dos et le soleil sur son front. Jadis, en effet, ces deux villes étaient habitées par les plus grands seigneurs du pays, ce qui justifiait l'allégorie ci-dessus. Lesneven, disait-on, était le soleil du Léon et Landerneau la lune. » (1).

Il paraît aussi qu'on voyait autrefois, sur la flèche du clocher de Saint-Houardon, un globe doré représentant la pleine lune, et au dessus, un croissant figurant le premier quartier. L'auteur que l'on vient de citer, trouve que c'était une idée stupide de mettre ainsi le croissant à la place où la croix seule doit régner. D'autres se seront sans doute laissé aller à la même indignation ou du moins à une douce hilarité en voyant un temple chrétien de la sorte couronné, et auront contribué, par leurs plaisanteries, à donner à la bonne

---

(1) Troude, **Dictionnaire Breton-Français, au mot Landerné.** Le très distingué archiviste du département, M. H. Waquet, à qui nous avons soumis le manuscrit de cet ouvrage, a bien voulu nous communiquer la note suivante:

Ce proverbe ne pourrait-il pas s'expliquer par le fait que Lesneven était le siège d'une juridiction ducale puis royale, tandis que Landerneau n'avait qu'une juridiction seigneuriale, importante cependant? La juridiction d'un prince de Léon dérive de la juridiction du roi comme l'éclat de la lune reflète la lumière du soleil. Dans les idées de l'ancienne France, la puissance royale est la grande source de justice. Au nom de quelque personne qu'elle s'exerce, toute justice n'est qu'une émanation de celle du roi.

ville en question le renom comique qu'on lui connaît.

D'après plusieurs cependant, le croissant sur le clocher de Landerneau avait bel et bien sa signification: ses cornes symbolisaient, l'une, le diocèse de Léon, l'autre, le diocèse de Cornouaille, entre lesquels Landerneau était jadis partagé par moitié.

Plusieurs seigneurs de la région de Landerneau, comme les Kerangars, les Kergrist, les Kermenguy, les Partevau, les Le Roy, etc., (1) avaient un croissant dans leurs armes. Si l'on pouvait prouver que les Rohan, qui étaient seigneurs de Landerneau depuis le xive siècle, portaient anciennement, comme nous l'avons entendu dire, cette figure sur leur écu (2), c'est là et non ailleurs qu'il faudrait chercher l'origine de notre lune. Mais

(1) On voit, sur le pignon d'une maison de la place du marché, un écusson portant un croissant versé accompagné de trois roses.

(2) Ce qui est certain, c'est que naguère, dans l'ancien cimetière de Saint-Thomas de Landerneau, une vieille croix portait un écusson où le croissant était uni aux macles de Rohan. (Association bretonne, session de Landerneau, 1879).

Ces croissants qu'on retrouve encore aux pinacles des contreforts de l'église de Saint-Thomas, peuvent aussi être une allusion à saint Thomas de Cantorbéry, patron de cette église, et dont la mère, d'après les Bollandistes, était **sarrasine.**

pour nous, sur ce point, *adhuc sub judice lis est.*

En fin de compte, les croissants de Landerneau pourraient bien procéder de la même idée que celle qui est exprimée par les têtes de monstres, les figures hideuses faisant office de gargouilles, de modillons et de cariatides sur les murs de nos vieilles églises et par lesquelles les architectes du moyen-âge entendaient représenter le malin esprit. A l'époque où l'on édifiait nos portiques, le monde chrétien était inquiet des progrès des Turcs en Europe, et l'Eglise, dans ses oraisons et ses hymnes sacrés, priait Dieu et les saints d'écarter de ses frontières cet ennemi perfide : « *Auferte gentem perfidam credentium de finibus...* » (Hymne de la Toussaint, *Placare Christe*).

Cela n'excuse pas l'architecte de Landerneau d'avoir hissé l'emblème des sectateurs

---

Notons aussi la présence du croissant au sommet du vieux moulin seigneurial du Rouazle en Dirinon.

Enfin, on voyait autrefois, dans la chapelle des Récollets de Landerneau, une statue ancienne de saint Ternoc, fondateur de **Lanternoc** (Landerneau), qui le représentait tenant une **lanterne** à la main : facétie d'un goût douteux d'un artiste voulant probablement donner au patron de Lan-Ternoc des armes parlantes. (V. Kerdanet, **loc. cit.**, p. 221).

de Mahomet jusqu'au plus haut de la tour de Saint-Houardon.

Intérieur du Porche (xve siècle).

VI.

Façade Ouest du Clocher

En quittant le porche pour se diriger vers la tour, on passe devant un pan de muraille qui date de la construction primitive, et dont le plus bel ornement est un fronton Renaissance assez décoratif surmontant une fenêtre agrandie en 1658. Cette fenêtre et quelques pierres sculptées faisant modillons sous la corniche du mur, relèvent un peu la pauvreté de ce coin de l'édifice.

On contourne alors l'angle Sud-Ouest de l'église et l'on a devant soi la façade principale que l'on regrette de ne pas retrouver telle que l'avaient faite les architectes du xve siècle. Les deux côtés sont bien du temps de Jean de Penmarc'h, mais le clocher est plus jeune que son entourage d'environ un siècle et demi: il ne date, en effet, que du commencement du xviie siècle, comme on peut le constater par l'inscription gravée sur le linteau de la porte: A. CORBE, LORS FABRIQUE, 1714.

La flèche de l'ancien clocher étant tombée, et le clocher lui-même ayant subi des avaries qui nécessitaient d'importants travaux de consolidation, les tréviens profitèrent de l'occasion pour réaliser un désir qui leur tenait depuis longtemps à cœur, celui d'avoir quatre cloches, au lieu des deux dont se composait l'ancienne sonnerie. La vieillle base n'étant pas assez robuste pour supporter le poids dont on se proposait de la surcharger, on la renforça en la flanquant sur ses angles de quatre puissants contreforts. Cela permit de doubler la saillie de l'encorbellement qui soutenait l'ancienne galerie et d'établir, au-dessus, une plateforme à même de porter une superstructure plus large et plus lourde que ne l'était l'ancienne. Cette superstructure se compose de deux beffrois superposés qu'entourent des galeries surmontées de pinacles aux angles, et d'une flèche octogonale assez élancée, garnie de crochets sur ses arêtes.

Si les piles de 1714 ont consolidé la tour, elles ne l'ont pas embellie, et elles ont amené la destruction d'un beau portail à double ouverture, dont l'existence ancienne est attestée par les comptes de la fabrique et dont il subsiste d'ailleurs quelques vestiges : deux fragments de corniche sculptée et des crossettes de pinacles que l'on voit aux trois-quarts encastrées dans les contreforts qui encadrent la misérable porte d'aujourd'hui.

Dans le fronton du vieux portail ogival si tristement remplacé devait se trouver un bas-relief en albâtre dont on a conservé les débris au presbytère et qui représente l'adoration des Mages. Ce bas-relief reproduit à de légères différences près celui qui orne le portail Ouest de l'église du Folgoët, mais il n'en est qu'une réduction, car il ne mesure que 0^{m}70 sur 0^{m}43. La Sainte Vierge est assise sur un lit artistement drapé, et s'appuie sur un coussin tenu par un ange derrière elle. L'Enfant-Jésus qu'elle porte sur ses genoux, reçoit le présent que lui offre un roi mage à longs cheveux et à barbe abondante. Ce monarque, pour mieux marquer sa déférence envers l'Enfant-Dieu, a ôté sa couronne, mais, ne sachant où la déposer, et ne tenant pourtant pas à la perdre, il a trouvé tout simple de la passer autour de son bras. Un autre roi — le troisième manque — attend gravement le moment d'être présenté, cependant que saint Joseph nullement offusqué par l'éclat de l'étoile qui brille au-dessus de l'étable, dort paisiblement dans un coin. Le bœuf et l'âne ne sont pas oubliés; ils avancent curieusement leurs bonnes têtes par-dessus les cloisons de leur stalle et ne perdent ainsi rien de l'auguste scène.

C'est à un accident que l'on doit le clocher actuel. « Le 13 février 1702, à cinq heures du matin, disent les comptes de l'église, la foudre tomba sur le clocher et le ruina. » La flèche, en tombant, démolit la chambre de l'horloge et l'horloge elle-même, ouvrit dans la toiture de l'église une immense brèche, par où le vent s'engouffra dans l'intérieur et y commit d'affreux dégâts.

On ne s'attarda pas en vaines lamentations. Aussitôt la tourmente passée, « on convoqua suivant l'avis du général, deux notaires royaux, deux maistres tailleurs de pierre, deux maistres charpentiers et deux couvreurs d'ardoises pour faire état et procès-verbal de la ruine qu'avait fait le tonnerre dans le clocher, massonnages, boisages, couverture et vitrages de l'église. » Les comptables de la fabrique payèrent pour une première réparation, « tant en argent qu'en nourriture, 24 livres 2 sols 6 deniers, y compris le travail qu'avaient fait les vitriers en descendant les vitres cassées et qui pendaient dans la grande vitre. » On dut aussi indemniser les « tailleurs de pierre pour avoir descendu ce qui restait de l'aiguille du clocher et qui menaçait de briser le clocher », ainsi que « Noël Le Bras, couvreur, pour trois jours qu'il avait été à boucher les fenêtres et vitres de l'église à la place des écussons des seigneurs et à aplanir l'église. »

En même temps, on travaille à remettre la toiture en état et les équipes d'ouvriers se succèdent :

« Les charpentiers de Lesneven étant venus pour travailler sur les boisages et commencer les réparations, pour leur travail, cy..7ˡ 15ˢ.

» Les charpentiers de Landerneau survenant sur la dite réparation et espérant en avoir meilleure issue, cy..............6ˡ 7ˢ.

» Jean Quéré et ses compagnons survenant aussi pour travailler au dit boisage et aussi refaire la chambre de l'horloge, et l'ayant parachevé, pour leur travail, cy......27ˡ 3ˢ.

» Yves Le Roux, charpentier du bourg ayant travaillé depuis le commencement jusquà la fin avec les cy devant sur les boisages, cy...............................22ˡ 11ˢ 6ˢ.

» A Jean Morvan, pour faire une porte pour passer du clocher dans la chambre de l'horloge et réparer le pignon du clocher......3ˡ.

Puis ce fut le tour du vitrier :

« Le premier dimanche d'aoust 1702, un maistre vitrier de Landerneau étant venu à dessein de faire marché pour accomoder le plus nécessaire des vitres de l'église, il luy fust payé et à son compagnon en collation deux livres dix huit sols, et une pinte de vin lorsqu'il fust quérir les anciennes vitres cassées. »

La note de ce maître vitrier se monta à plus de six cents livres. Les comptes nous apprennent qu'il se nommait Jacques Kergrach. Sur le panneau central de la verrière de la chapelle Saint-Jean, on lit :

F. P. KERGRACH. 1703.

Les réparations urgentes terminées, le plus gros n'était pas fait : il restait le clocher, si gravement endommagé, que probablement une réfection à peu près complète s'imposerait. On se contenta, sur le moment, de le consolider en bouchant les menaçantes lézardes qui s'y étaient produites et en aveuglant les ouvertures de la façade. On condamna la fenêtre circulaire qui se trouve à gauche du portail ainsi que la mignonne fenêtre gothique du côté droit, qui n'a été dégagée qu'en 1859. Cela fait, on attendit.

On attendit douze ans. Ce ne fut, en effet, qu'en 1714 que les tréviens eurent la joie de voir un nouveau clocher s'élever au-dessus de leur chère église. On n'avait pu intéresser à l'œuvre les grandes familles qui avaient jadis donné si largement. Elles résidaient maintenant plus près de Versailles que de Trémaouézan, et l'on sait que les plus gros revenus fondaient rapidement dans le voisinage du Roi-Soleil.

La fabrique ne put donc compter que sur elle-même et la bonne volonté des tréviens. Bien que ces derniers ne fussent pas riches, en cette fin du règne de Louis XIV où les impôts étaient si lourds, ils furent généreux. Le recteur ouvrit la souscription en s'inscrivant pour quarante-cinq livres; le curé et le vicaire en offrirent chacun trente. François Moallic, de Kerlohou, donna « un millier d'ardoises en offrande pour aider à la réparation de l'église »; un autre trévien, Vincent Le Guen, tint à payer la moitié d'une barrique de vin que la fabrique avait achetée pour les ouvriers, au prix de 70 l. 10 s.

Détail plus touchant: beaucoup de femmes, dans le courant de l'année 1713, vendirent leurs bagues au profit de l'église. On retira aussi quelque argent du vieux plomb qui était dans la vieille tour (1). Le plomb pesait 616ˡ. On le vendit 12ˡ 10ˢ pour le cent, soit 77ˡ » et, quand on se vit à même de faire face aux frais, on convoqua « les artisans au sujet de rebâtir la tour et clocher. »

____

(1) Ce qui laisse croire que l'ancienne flèche était en bois revêtu de plomb.

Marché fut passé avec Maudetz Le Bris et François Gourvez, tailleurs de pierre. La fabrique se chargeait de fournir les matériaux qui lui étaient du reste gracieusement offerts, de les amener à pied-d'œuvre et de tenir les outils des ouvriers en état. Maudetz Le Bris et son compagnon reçurent pour leur travail environ 1.300[1].

Les écussons du Cardinal de Coëtivy et des Seigneurs de Penmarc'h, remarqués par le Père Cyrille Le Pennec, lors de son voyage à Trémaouézan, sont toujours à leur place dans le clocher: celui du prélat, au milieu, en supériorité; ceux de Penmarch, de chaque côté. La Révolution a passé et les armoiries ne sont plus, mais les encadrements ont été respectés, sauf celui de l'écusson de gauche qui a été entaillé pour faire disparaître le timbre qui surmontait l'écu. Assez souvent, en effet, pour bien montrer qu'ils n'en voulaient nullement à l'art, mais seulement « aux signes de féodalité et de superstition » dont « l'œil républicain » était, paraît-il, blessé, les révolutionnaires se bornaient à effacer ces signes, laissant intactes les sculptures qui les accompagnaient. Devant l'écu de Coëtivy, le marteau du destructeur semble avoir hésité. C'est que cet écu portait un ornement qui, aux yeux de l'ouvrier simpliste chargé d'exécuter les ordres des Jacobins, n'appartenait nettement ni à l'une ni à l'autre des catégories d'enblèmes proscrits : le chapeau du Cardinal. L'ouvrier, par acquit de conscience, l'a bien quelque peu chiffonné, mais ne l'a pas complètement écrasé, non plus que les cordelières à houppes dont il est orné et que l'on voit pendre des deux côtés de l'écusson.

Signalons, en fait de travaux importants depuis la restauration du clocher, la réfection du pavé de l'église, en 1859, et la construction, en la même année, de six arcades dans les bas-côtés. Sur les huit qui existent aujourd'hui, une seule, la plus voisine des fonts baptismaux, a été faite du temps de Jean de Penmarc'h; une autre, celle qui relie le mur Ouest de la chapelle Saint-Jean au pilier de l'entrée du chœur, a dû être édifiée en même temps que la chapelle en 1597. Les six autres ont été posées par M. Prigent, architecte et maire de Plounéventer, sur les naissances préparées autrefois par les constructeurs de l'église. Ces travaux, y compris la restauration de plusieurs pièces du mobilier, ont coûté 9.287 francs.

1862. — Rejointoiement de tout l'extérieur

de l'église. Devis, 1.000 fr. Coût, 1.166 fr. 66.

1897. — Réfection de la majeure partie de la toiture et du lambris. Devis, 5.000 fr.

1913. — Caniveaux en ciment autour de l'église et travaux de peinture à l'intérieur : 800 fr.

Chapitre IV

Le Mobilier de l'Eglise

A. — DANS LA TOUR

I.

Cloches

La nouvelle tour en abrita quatre jusqu'à la Révolution; elle n'en contient plus que deux. La plus ancienne mention que l'on fait des cloches de Trémaouézan est de 1643, où le comptable porte qu'il a « payé aux sonneurs, pendant la veillée de la Toussaint, tant en argent qu'en chandelles, 46 sols. »

En 1662, on acquiert une grosse cloche, mais, était-elle sortie de la fonderie avec des tares, ou bien avait-elle été manœuvrée par des sonneurs inexpérimentés, toujours est-il qu'au bout de quelques mois, elle était considérée comme bien malade. On avertit, par avis du prône, François Henri, armurier, de venir voir la cloche qui était fendue ». L'homme de l'art ne put que constater la gravité de l'accident. On descendit la pauvre éclopée et on la remisa jusqu'à ce que vinssent « Jacques Le Louarn (1) et son consort François Rouzot, fondeurs de cloches, faire marché avec les tréviens pour une refonte » (1664).

Le contrat passé, on achète « à Paige, charbonnier de la paroisse de Lopezrec en Cornouaille, six charges de charbon, à raison de 35 sols la charge, qui furent rendues sur la place de Trémaouézan le samedi 12ᵉ de Juillet », et comme on tenait à posséder un bourdon qui pût rivaliser avec ceux des clochers voisins, on acquit de Catherine Mahieu, dᵉˡˡᵉ du Pontois, moyennant 51 l., « une vieille petite cloche ci devant sonnant en la chapelle du Cribinec, paroisse de Plouédern ». Le même jour, on délivre 61 l « à Jacques Poullan, de Landerneau, pour un mortier qui pesait 77 livres, et les fondeurs viennent.

______

(1) Ce Jacques Le Louarn fond une cloche à Dirinon, en 1665. « Sur une vieille cloche de 1665, poinçon ou marque de fabrique figurant un renard : ce sont les armes parlantes du fondeur, car Louarn signifie renard ». Bull. Diocés. T. VII, p. 193.

Ils ne viennent pas seuls: une équipe de maréchaux leur fait escorte. Tous les tréviens assistent à la refonte et, parmi eux, quarante-trois hommes se relayent « pour aider à souffler. » Sous l'action combinée des professionnels et des souffleurs de vonne volonté, l'opération fut rapidement menée à bonne fin, après quoi, il ne resta plus qu'à envoyer un exprès à Lesneven « pour avoir d'avec M. le grand vicaire un billet de permission » au curé de Trémaouézan de bénir la cloche, à acheter soixantes brasses de cordes, à faire venir deux mariniers de Landerneau pour hisser « la cloche en son lieu » et enfin, « à payer escot, chez Guillaume Fily, aux Louarn et Rouzot en leur baillant leur argent, 90 l ».

Cette cloche et ses compagnes chantèrent sans défaillance les joies et deuils des tréviens jusqu'au jour où, sous la Terreur, elles furent, après un dernier glas, descendues de leur chambre de pierre et expédiées au loin pour être converties en canons ou en sous (1).

____

(1) Elles furent envoyées à Lesneven, ainsi que le témoigne la quittance suivante transcrite sur un registre du temps de la Révolution ayant appartenu à la mairie de Trémaouézan et dont on a bien voulu nous donner communication au moment où nous mettions sous presse: « Je soussigné, secrétaire du district de Lesneven, certifie que la municipalité de

Le clocher de Trémaouézan resta muet pendant une dizaine d'années. En 1805, on réussit à réunir un millier de francs, avec lesquels on se procura une nouvelle cloche qui fut fondue par François Guillaume. En 1808, J. P. Guillaume en fournit une autre, et M. Louvière, une troisième en 1812. Mais ces cloches éprouvèrent des avaries ou faisaient trop regretter les anciennes, car on les renvoya au fondeur et on les remplaça par deux autres qui arrivèrent, l'une en 1842 et l'autre en 1851. La première sortait de la fonderie de M. Viel, de Brest, et coûta 1.293 francs. La seconde venait de chez M. Viel-Briens, et fut payée 1.394 fr. 85.

La cloche la plus ancienne, qui est aussi la plus forte, porte cette inscription:

J'AI ETE NOMMEE MARIE FELICITE PAR M. MASSON ET FELICITE JEZEQUEL. — RECTEUR J. M. CAROFF. — MAIRE CANDIDE FRANÇOIS JEZEQUEL, ET TRESORIER ETIENNE FREMONT. — FONDUE

Trémaouézan a déposé au secrétariat du district trois cloches avec leurs moutons et battans, dont décharge.

A Lesneven, ce jour dix-septième floréal deuxième année républicaine française (6 mai 1794).

Signé sur la quittance: Grée, secrétaire ».

EN 1842 POUR L'EGLISE DE TREMAOUE-
ZAN. — VIEL ALPHONSE, FONDEUR A
BREST.

Sur l'autre on lit :

J'AI ETE NOMMEE JEAN MARIE, ETAIT
RECTEUR CAROFF JEAN MARIE, TRESO-
RIER FREMONT ETIENNE, MAIRE MASSON
YVES MARIE, PARRAIN LE GALL YVES,
MARRAINE SIMON MARIE YVONNE.

TREMAOUEZAN, 1851. — VIEL BRIENS,
FONDEURS A BREST.

II.

L'Horloge

L'horloge du clocher mérite aussi une
petite mention, à cause de son existence déjà
longue et passablement agitée.

Fabriquée en 1700 par Joseph Mory, « maistre horlogeur à Landerneau », elle fut payée
301 l. 5 s. 8 d. Avant de la recevoir, on la fit
examiner par un habile expert. « Comme
Charles Guéguen (1), mestre horlogeur de la

____

(1) Ce Guéguen était, en son temps, une célé-
brité de l'horlogerie. En 1703, Le Conquet le charge
de lui fournir une horloge qui sonnera la demi-heure
et l'angelus de 6 en 6 h. » — En 1749, il passe
marché pour une horloge avec la fabrique d'Er-
gué-Gabéric. (**Bull. Dioc.** T. VI, p. 266, et T. IX
p. 41).

paroisse de Pleyben en Cornouaille fut mandé de venir visiter l'horloge avant que de payer le dit Mory, payé pour son temps et sa nourriture 13 l. 3 s. »

Le coup de foudre de 1702 l'endommagea si sérieusement que depuis elle ne s'est jamais parfaitement remise de la commotion qu'elle avait alors éprouvée. En vain, un artisan du Drennec vint-il, « espérant la racommoder », en vain, rappela-t-on, en 1716, l'horloger de Pleyben et, dans la suite, quantité d'autres spécialistes, — si bien que l'église a dépensé des sommes fantastiques pour son entretien — rien n'y a fait: la machine est restée aussi récalcitrante que par le passé à un bon fonctionnement.

B. — Mobilier de l'intérieur

En entrant dans l'église par la porte Ouest, on trouve, à droite, près des piliers de la tour, une auge circulaire en pierre, où les fidèles de la paroisse viennent, le Samedi Saint et dans le courant de l'année, faire leur provision d'eau bénite. Cette piscine n'a d'autre mérite que d'être de belle taille et d'avoir un certain âge: elle date de 1691. Nos comptes nous apprennent qu'elle est l'œuvre de Jean Morvan, que l'on a déjà vu travailler à construire une porte dans la tour. On lui paya pour faire le dit bénitier et le mettre en place 28 l. 10 s., et 3 l. pour les charroyer de Landerneau à Plouédern. »

I.

Baptistère

Les fonts baptismaux occupaient autrefois, au bas de l'église, le dernier entrecolonnement de droite quand on regarde le chœur. Comme ils étaient fort encombrants à cet endroit, on les transporta, en 1860, au fond du collatéral Midi.

La cuve baptismale de marbre rose, en forme de coupe ovale, est de cette même année 1860; elle a remplacé une vieille piscine en granit, à douze pans, sans sculpture, mais remarquable par ses dimensions (un mètre de diamètre extérieur), aujourd'hui reléguée dans le jardin du presbytère.

Au-dessus des fonts est un baldaquin en bois, de forme hexagonale, porté sur six colonnes corinthiennes et surmonté d'un dôme que couronne un ange aux ailes déployées. Tout autour, des niches ou arcades abritent les statuettes des douze apôtres. Auprès, contre le mur du fond de l'église, un

groupe en bois du baptême de Notre-Seigneur.

Notre baptistère sort certainement des
mêmes ateliers que celui de l'église de Plouédern, auquel il ressemble presque détail pour
détail, probablement de chez un maître sculpteur de Landerneau. La cuve baptismale de
Plouédern est de 1641, mais il est probable
que le baptistère lui-même est un peu plus
jeune; pour ce qui est du nôtre, la chose est
quasi-certaine, car les images des apôtres qui
l'entourent, de même que le groupe du baptême du Christ, proviennent d'un autel de
Saint-Jean-Baptiste qui existait encore dans
notre église en 1660.

II.

Catafalque et Niches

Plus âgé de quelques lustres doit être le
catafalque en chêne sculpté qui se voit au
milieu de l'église. Ce catafalque, d'un modèle
désormais rare, est l'œuvre d'un artiste inconnu. Le dais ou baldaquin, porté sur quatre colonnes, qui surmonte nos estrades funèbres actuelles, est ici remplacé par une frise
suspendue entre deux montants terminés en
T. Cette frise, découpée en dentelles sur lés

Catafalque (XVIIᵉ siècle).

bords, couverte de figures pleurantes, de têtes fantastiques, de capricieuses arabesques, est un morceau de sculpture des plus fins que l'on puisse voir. Les montants portent, l'un, une croix fleurdelisée ayant à son centre un cœur entouré d'une couronne et accompagnée des statuettes de la Vierge et de Saint Jean, et l'autre une Pietà entre deux anges tenant des sabliers (1).

Une autre œuvre remarquable de sculpture sur bois, ce sont — des deux côtés de la fenêtre absidale — deux grandes niches contenant, l'une, la statue de la Sainte Vierge et l'autre celle de Saint Joachim. Ces statues, de grandeur naturelle, sont fort bien traitées. Saint Joachim est superbe dans son habit oriental tout rutilant d'or; la Vierge, qui porte dans ses bras un gracieux Enfant-Jésus jouant avec une colombe, n'est pas moins somptueusement vêtue.

Les deux niches ont la même forme et sont décorées de façon identique. Un groupe d'angelots, dans la posture des cariatides, leur

____

(1) Nous attribuons à ce catafalque la date approximative de 1620, à cause de la grande ressemblance que nous trouvons entre ses sculptures et celles que l'on voit sur la porte Sud de la chapelle Saint-Eloi, en Ploudaniel.

sert de soutien, et elles sont terminées par une haute pyramide, dont des anges encore — on en compte vingt-trois autour de chaque niche — et des fleurs en corbeilles, en guirlandes, en festons, forment les principaux ornements.

Ces sculptures ont été exécutées en 1676, dans les ateliers de « Honoré Halliot (1), mestre sculpteur en bois à Landerneau. » « Le sculpteur, sa femme et son valet vinrent les poser à leur place », et « Nicolas Le Stang, forgeur, fit seize fiches ou *pattezennou* pour attacher l'image de Notre Dame et celle de Saint Joachim à leurs places. »

Les niches d'Honoré Halliot ont été, une première fois, peintes et dorées, en 1683, par Jacques Domagny de Morinville ou de Morville (2). Ce peintre habitait Lampaul-Guimiliau et mourut, en 1688, à Trémaouézan, où il exécutait sans doute d'autres travaux.

(1) Rapprocher — sans trop s'émouvoir de la différence d'orthographe — ce nom d'Halliot de celui d'un autre maître sculpteur Douaré Aillot, demeurant à Recouvrance en Saint-Pierre-Quilbignon, qui « s'engage de couronner d'un dôme et plusieurs architectures le fond baptismal » de Commana, en 1682. **(Bull. de la Com. Dioc.** T. VI, p. 140).

(2) En 1677, ce Jacques Domagny dore l'image de N.-D. de Trémaven, en Châteauneuf-du-Faou **(Ibid.** V. 173). Le Bulletin dit défectueusement Jacques Donnaguin, sieur de Morinell.

En 1758, un autre contrat fut conclu entre la fabrique et « Hervé Le Goff, sculpteur et peintre, de Saint-Louis de Brest, pour peindre et dorer les statues de la Sainte Vierge, sa niche et ses ornements de haut en bas, de la même manière que l'or et la peinture se trouvent placés présentement, également que la statue de Saint Joachim qui est de l'autre côté du grand autel, aussi avec sa niche et ses ornements de haut en bas, moyennant la somme de 255 l. »

VITRAUX. — On a vu que la tempête de 1702 avait brisé tous les vitrages de l'église. Les armes des seigneurs qui garnissaient le tympan de la fenêtre absidale furent replacées après l'accident, mais elles ont été détruites de nouveau par la Révolution.

En 1880, on commanda à Jean Cabon, peintre-verrier à Lanhouarneau, un vitrail qui fut payé 3.000 francs. Il représente, dans sa partie centrale, la scène de la Pentecôte et, dans les côtés, les mystères de la Nativité et de la Résurrection de Notre-Seigneur, de l'Annonciation et de l'Assomption. Dans les soufflets du tympan, qui dessinent trois cœurs, se voient les armes du Pape Léon XIII et de Mgr Nouvel.

III.

Autels, Retables, Statues

Les autels de Trémaouézan — il y en a cinq — présentent une disposition assez particulière. Ils sont tous sur le même plan, rangés en ligne droite le long du mur oriental. Ce sont, de gauche à droite, l'autel de Sainte Annne, le Maître-Autel, et les autels de Notre-Dame, des Trépassés et de Saint Sébastien.

Le Maître-Autel

Le Maître-Autel a été, il y a quelques années (1906), l'objet d'une importante restauration exécutée par M. Guyader, sculpteur à Landerneau, sur les indications de M. le Chanoine Abgrall. L'ancien coffre de l'autel, dont le seul ornement était une effigie de la Sainte Vierge tenant un sceptre, a été remplacé par une façade garnie de jolis médaillons représentant Notre-Dame et les saints Apôtres Pierre et Paul.

Le principal ornement du retable consiste en de délicieuses colonnettes torses appliquées aux angles et sur les ailes du tabernacle. Ces colonnettes encadrent des niches renfermant les statuettes de Notre-Seigneur, de Saint Pierre et des quatre évangélistes. Au-dessus du tabernacle est une niche d'exposition reposant sur des couronnes torses et couronnée par la statuette du Christ posant le pied sur la boule du monde et portant la croix de résurrection.

Si cet autel n'a pas trop longtemps attendu son tabernacle, il doit être de 1643, où les comptes portent : « Payé à Yves Rolland pour avoir fait le tabernacle sur le grand autel, 111 l., et pour les frais de le faire rendre à Trémaouézan, 3 l. ». Trois ans plus tard, Jacques Le Roux recevait 85 l. 10 s. pour l'étoffer (peindre et dorer).

L'Autel de Sainte Anne

L'autel de Sainte Anne, dans le bas-côté Nord, n'a d'intéressant que son retable. Deux colonnes torses et deux colonnes à découpures et à rubans le circonscrivent, encadrant une niche qui abrite le groupe de Sainte Anne et Notre-Dame avec l'Enfant-Jésus. La Sainte Vierge, drapée dans de riches vêtements, tient sur ses genoux sont petit Enfant. Sainte Anne, plus simplement vêtue, a la main droite posée sur un livre ouvert, tandis que de la gauche elle esquisse un geste de douloureux étonnement. Elle vient, sans doute, de lire un passage des Ecritures ayant trait au futur drame du Calvaire et, ne pouvant se résigner à y croire, elle semble avoir sur les lèvres les paroles de protestation que Saint Pierre adressera un jour à son maître: *Absit a te, Domine: non erit tibi hoc.* A Dieu ne plaise, Seigneur; cela ne vous arrivera point! (S¹ Matth. XVI, 22). Mais l'Enfant la détrompe, car il se dresse devant elle, debout, les bras en croix, une expression de grande énergie sur le visage.

Au-dessus du groupe dont il vient d'être question, une autre niche, pratiquée dans le fronton du retable, donne asile à Saint-Paul-Aurélien et à son dragon. Habituellement, on représente ce saint tenant le monstre en laisse à l'aide de son étole. Le sculpteur de Trémaouézan n'a pas cru vraisemblable que saint Paul ait fait à pied le long trajet du Faou à l'Ile-de-Batz, quand il avait à sa disposition une monture d'une vigueur exceptionnelle, et il a, en conséquence, campé le thaumaturge debout sur le dos de la bête apocalyptique (1). Logique jusqu'au bout, notre artiste a fait de l'étole une bride, et de la crosse un fouet que le saint Evêque brandit pour activer l'allure du monstre. Ce dernier détail n'est d'ailleurs que peu exagéré —

____

(1) A Plouédern, même représentation de saint Paul.

si toutefois il l'est — car il est dit, à propos du premier dragon que fit périr le grand apôtre du Léon, que le seigneur de Kergournadec'h le menait « comme un chien en lesse, Saint Paul le frappant de son baston. »

A côté de l'autel Sainte-Anne, un saint-Evêque dont le nom avait depuis longtemps disparu sous une épaisse couche de peinture, et qu'on prenait, tantôt pour saint Eloi, tantôt pour saint Goulven, vient enfin de révéler sa véritable identité. On lit sur le bord de son rochet, en caractères gothiques dorés :

S. GERMEN

Y. LETI : 1560.

Saint Germain en chape et mitre, tient de la main gauche une crosse dont la volute a disparu, et bénit de la main droite gantée de violet et ornée de deux anneaux, l'un à l'index, l'autre au médius. Cette statue manque un peu de mouvement.

Autels de Notre=Dame,
des Trépassés
et de Saint Sébastien

Trois autels, ceux de N.-D., des Trépassés et de Saint Sébastien ornent la chapelle de Saint Jean-Baptiste. Leurs retables, soudés les uns aux autres, ne font pour ainsi dire

qu'un seul panneau qui recouvre l'entière sur-
face de la muraille à laquelle ils sont adossés.
Le sculpteur n'y a guère laissé d'espace nu:
tout y est occupé par les motifs de décoration
les plus variés: colonnes lisses ou torses,
têtes de chérubins, feuillages, fleurs, etc., et
le peintre y a jeté toute la gamme de ses
couleurs. Toutefois, dans cet assortiment,
l'or domine, ce qui donne à l'ensemble un
aspect riche et majestueux.

De l'autel des Trépassés nous n'avons rien
à dire, sinon qu'il doit occuper la place de
deux autres autels, l'un dédié à Saint Goulven et l'autre à Saint Jean, d'après ce que
nous apprend un contrat de 1660, conclu
entre Yvon Joseph et Yves Traouez, fabriques de l'église de Trémaouézan, et François
Madec et Hervé Masson, maîtres sculpteurs,
demeurant, scavoir le dit Madec au moulin
de Mésarnou, paroisse de Plounéventer, et le
dit Masson au village de Kersalomon, au treff
de Trémaouézan, ces derniers s'engageant
moyennant la somme de 156 livres « à faire
une closture ou table à communiants en la dite
église, les balustres de bois d'if et la table de
bois de chêne, conforme à la closture de l'autel de Notre-Dame ou Saint-Sébastien, laquelle
closture ira en droite ligne depuis la porte de

la sacristie jusqu'au bout de l'autel de Saint Jan vers la chapelle de Mézarnou (1) pour cerner deux autels sçavoir celle dédié à Saint Goulven et Saint Jan... »

Quelques fragments de cette clôture, remplacée depuis 1859 par une balustrade en fer, ferment aujourd'hui, au bas de l'église, la cage où descendent les poids de l'horloge.

Quant aux autels de Notre-Dame et de Saint Sébastien, ainsi que celui de Sainte Anne, que nous venons de quitter, une pièce conservée aux archives de la fabrique, donne à leur sujet les renseignements suivants :

16 juillet 1652. « Marché entre Noël et Alain Le Guen, fabriques de l'église tréviale de Trémaouézan, assistés de Mre Yves Kermarrec, curé d'icelle, et Jacques et Hervé Le Roux, maitres sculpteurs et peintres demeurant, savoir le dit Hervé Le Roux à Lesneven et Jacques à Landerneau, entre lesquelles parties a été fait marché par lequel les dits Hervé et Jacques Le Roux ont promis de faire bien et dument le retable avec la balustrade et marchepied requis, à l'entour de l'image de Mr Saint Yves au dit Trémaouézan, en même

____

(1) Les seigneurs de Mézarnou, héritiers des droits des Carman, avaient un banc dans la chapelle neuve.

forme que le retable étant à l'entour de Mr Saint Yves à Saint-Houardon; plus promettent de faire un autre retable avec la balustrade et marchepied requis pour servir à l'image de Notre Dame de Trémaouézan, en même hauteur et largeur que le retable de Mr Saint Nicolas, à Saint-Houardon; et outre promettent iceux Roux faire l'image de Madame Sainte Anne avec l'image de Notre Dame et de son petit enfant et leur chassis aussi de même forme que ceux de l'église des Sept Saints à Brest, [les]quels retables et images, et autres images étant à présent sur l'autel de Saint Yves au dit Trémaouézan, iceux Roux promettent bien et dument étoffer tant en or que autres couleurs, tout aussi que le dit dessein dont il sera fait. Item, seront les boisages de bois de chêne que les dits Roux fourniront et prendront sur les lieux et iceux poser en leur place dans le 8e jour de Décembre prochain. Le dit marché fait et accordé entre parties pour la somme de 345 livres...

Fait au bourg de la Martyre, chez Madeleine Nicolas...

Conditionné entre parties que l'image de Saint Yves sera posée plus haut que les autres images étant sur le même autel. »

C'est Hervé Le Roux, le sculpteur de Lesneven qui a fourni les autels de Notre-Dame et de Sainte Anne, comme le font voir les comptes : « Payé 40 sols pour charroyer le retable de Notre-Dame, de Lesneven. — Item, délivré à Hervé Le Roux pour le premier terme de l'acte qui est entre le dit Roux et fabrique, nonante livres, sur les deux autels et l'image de Sainte Anne. »

On a pu remarquer que, dans le contrat ci-dessus rapporté, il est question de faire un retable pour encadrer une image de Saint Yves déjà existante. Le Curé, M. Yves Kermarec, voulait même donner à son saint patron une place éminente parmi les autres saints qui étaient sur l'autel. Ce projet n'a pas été exécuté, du moins pour ce qui est de l'autel de Saint Yves qui s'est mué en un autel de Saint Sébastien, ainsi qu'on le constate par un contrat du 21 Novembre 1652, le contrat de donation de Maudetz Paige, frère et héritier de Mᵉ Alain Paige, prêtre de l'église de Trémaouézan. Paige lègue à la fabrique un champ à Crélin, en Ploudaniel, « moyennant service et pierre tombale en la dite église de Trémaouézan, auprès de l'autel de Saint Sébastien. » Quant à la statue de Saint Yves, elle a, croyons-nous, trôné longtemps dans les hauteurs du retable du dit autel, à la place occupée aujourd'hui par un saint à grande tonsure, vêtu d'une robe blanche et d'un manteau vert. Mais elle a dû être comprise dans la proscription qui a atteint, voilà un certain nombre d'années, quantités de vieilles statues en bois que l'on jugeait trop délabrées pour demeurer plus longtemps à l'église et qui, en conséquence, ont subi le supplice du feu.

Signalons parmi les statues qui ont échappé à cette triste fin:

Un *Saint-Jean-Baptiste* avec sa croix et son agneau. Il est vêtu d'une malheureuse robe en peau ou en poil de chameau à laquelle on aurait pu ajouter avec avantage le complément dont parle l'Evangile. (St Matth. III, 4; St Marc, I, 6). Il a l'attitude de quelqu'un qui porte la parole, et, d'après l'air de sévérité répandu sur son visage, il doit apostropher les pharisiens. Quant à l'agneau, il ne paraît nullement intimidé par les éclats de voix du prédicateur, car il se dresse avec une belle confiance contre les genoux de son maître.

Un *Ecce-Homo* de 0^m95, au torse développé et aux membres inférieurs grêles, vêtu d'une loque rouge et les mains liées par une grosse corde.

Un *Saint-Joseph* de 0ᵐ90, portant l'Enfant-Jésus qui tient une pomme dans la main gauche et tend la droite vers le ciel.

Un *Saint-Herbot*, vieillard au visage placide, en robe et en manteau à capuchon, un chapelet pendu à la ceinture, tenant de la main gauche un livre et de la main droite un bâton à potence.

Un *Saint-Sébastien* de 0ᵐ75. Cette statue, de médiocre exécution, a remplacé une autre en Kersanton dont les jambes sont cassées et qui doit être du xvᵉ siècle. Sur le tronc de l'arbre auquel le martyr est attaché, on lit en lettres gothiques:

H. URGOAS F

Il est bien fâcheux que cette statue ne puisse plus figurer à l'église, car elle est d'une grande beauté.

Statue
de Notre-Dame de Trémaouézan

Le retable de l'autel qui touche à la porte de la Sacristie a été construit, on l'a vu, « pour servir à l'image de Notre-Dame de Trémaouézan, qui, auparavant, se trouvait « au bout du grand autel. »

Cette belle image, de grandeur naturelle, en Kersanton polychrome, représente Notre-

Dame assise sur un trône, ceinte d'une couronne de marquis et tenant un sceptre de la main droite, pendant que de la gauche elle soutient son divin Enfant sur ses genoux (1).

Quel âge assigner à cette statue? Elle n'est certainement pas postérieure au xve siècle. L'ovale du visage, la forme des plis de la robe et du manteau, les chaussures à bouts pointus, la bordure en quatre-feuilles du socle, et les dessins des fenêtres qui ornent les deux côtés du trône, ne permettent aucun doute à cet égard.

En plus de cette image et d'une statuette en bois, de 1736, que l'on porte en procession le premier dimanche de chaque mois, Notre-Dame de Trémaouézan est encore représentée par cinq autres statues, celle du chœur dont nous avons parlé, deux au porche, une au-dessus de la porte de la tour, et une autre qui est adossée au Christ, sur la croix du cimetière. Chose curieuse, dans toutes ces représentations de Notre-Dame, sauf dans celle du portail Ouest, qui n'est d'aillleurs là que depuis la réfection du clocher, il y a une

______

(1) Cette Vierge-Mère a été classée parmi les monuments historiques le 4 décembre 1914, et, avec elle, les Apôtres du porche et le Catafalque. L'église et l'ossuaire ont été classés quelque temps après.

Notre-Dame de Trémaouézan (xvᵉ siècle).

pomme qui est tenue tantôt par la Vierge, tantôt par Notre-Seigneur, et même, au fronton du porche, la Mère et l'Enfant tiennent chacun un fruit.

Ce fruit, point n'est besoin de le dire, rappelle la faute de nos premiers parents. Mais nous croyons que dans le cas qui nous occupe, ce n'est pas là sa seule signification. La Madone de Trémaouézan est appelée dans les plus vieux papiers de la fabrique « *Notre-Dame de la Mercy* » et, si haut que nous avons pu remonter, nous avons trouvé une confrérie de ce nom établie dans la trève. Nous sommes même persuadé que l'église actuelle a été fondée sous ce vocable.

L'ordre de la Merci ayant été institué pour la délivrance des chrétiens tombés au pouvoir des Maures, la pomme aux mains de N.-D. ou de son divin Fils peut avoir cette double signification: à la porte du porche, c'est la Sainte Vierge qui tient le fruit fatal; elle l'offre à Notre-Seigneur, comme pour solliciter de lui le patronage de l'œuvre de la Merci. A l'intérieur, le fruit est passé aux mains de Jésus, et N.-D. tient un sceptre, comme pour laisser entendre que la grâce demandée a été accordée (1).

____

(1) Noter que la Vierge du porche et celle de l'in-

IV.

Autres pièces du mobilier

Le P. Cyrille note que l'église de Trémaouézan avait « la sacristie bien meublée de riches ornements et argenterie ». De ce qu'il a vu il ne subsiste rien, et, des objets de quelque valeur qui furent acquis après son passage jusqu'à la Révolution, il n'est resté qu'un calice en vermeil, un élégant coffret en argent qui sert à renfermer les Saintes-Huiles, — l'un et l'autre de 1778 — et deux petites custodes en argent servant à porter la communion aux malades, dont l'uné porte la date de 1782.

La croix d'argent doré pour « bâtir », laquelle on paya à M^r l'orfèvre de Landerneau 458 l. en 1648 et 334 l. 10 sols en 1650; les quatre calices qu'on fit « accommoder chez M. P., de Landerneau », moyennant la somme de 115 livres, tous ces trésors, ainsi que la châsse d'argent des saintes reliques, ont disparu. Les révolutionnaires les ont trouvés à leur goût et en ont fait leur proie.

---

térieur de l'église sont de la même époque, et que, par conséquent, ce ne doit pas être sans raison qu'on leur a donné une attitude différente.

Les mauvais jours passés, on reconstituera peu à peu le mobilier de l'église et de la sacristie, mais il sera loin d'avoir la richesse de l'ancien. Notons, pour mémoire, l'achat, en 1808, d'une croix payée 300 l. à M^r. Rahier, commis-voyageur ; en 1837, au même, un ostensoir 360 fr.; en 1840 un calice 250 fr.; en 1848, un ciboire 200 fr. et une lampe 200 fr., et en 1855, un dais de procession 800 fr. Le confessionnal assez remarquable qui se trouve dans la chapelle Saint-Jean, est de 1847; celui du bas de l'église, de 1882.

CHAPITRE V

Annexes de l'Église

I.

L'Ossuaire

A une trentaine de mètres au Sud de l'église, bordant le mur d'enceinte du cimetière, est un ossuaire gothique de forme rectangulaire, avec pignons munis de crossettes et animaux symboliques au bas des rampants: lion, chien, loup, dragon. La façade Nord de l'édifice est percée de quatre « arcades à anse de panier, et d'une porte élégante encadrée d'une riche accolade soutenue par deux anges qui tiennent les deux légendes suivantes en caractères gothiques » (1), l'une en français, l'autre en breton. Les voici exactement:

Bone : gent : que : ycy : passes
Prie : Dieu : pour : le : trepasses

____

(1) Bull. Dioc. T. II, p. 96.

Gant : Doue : han : bed : milliget eo.
Nep : na : lavar : mat : pe : na teo.

Ce qui signifie :

De Dieu et du monde maudit est
Qui ne dit le bien ou ne se tait.

L'édifice, qui doit être du xviᵉ siècle, est actuellement en fort mauvais état. Les travaux de nivellement de la route qui passe à le toucher, en ont déchaussé les fondations, et le percement récent d'une porte dans le mur Sud a fait apparaître sur les pignons d'inquiétantes lézardes.

Malgré son délabrement et le macabre usage pour lequel il a été fait, l'ossuaire a servi de maison de ville en ces tous derniers temps. Nos braves édiles n'ont pas craint de se livrer à des délibérations utilitaires dans le séjour des morts. Ils n'ont cependant pas osé y entrer par le chemin des trépassés : ils ont aveuglé la porte qui donne sur le cimetière et, prudemment, ils se sont ménagé une sortie de l'autre côté.

II.

Croix

Entre l'ossuaire et l'église s'élève une Croix-Calvaire qui a eu jusqu'ici une existence assez tourmentée. M. de Kerdanet a lu sur sa base, il y a quelque quatre-vingts ans: « L'an mil cinq cent trente. Rect. Marhec ». En 1686, on fit marché « avec Prigent Kermarec, architecte, pour l'accomoder ». En 1702, elle eut encore besoin de réparation, car elle avait été « cassée » par la tempête qui abattit le clocher. On paya alors « à Jean Morvan, pour avoir accommodé et replacé les images de la dite croix, 18 livres ». Les révolutionnaires la renversèrent à leur tour, et elle ne fut relevée qu'en 1808 par Ollivier Patogé, qui reçut 68 l. pour son travail. Enfin, en 1877, elle était encore en assez mauvais état pour exiger une importante réparation qui fut confiée à M. Goulard et coûta environ 800 fr.

Cette croix porte sept statuettes sur son embase: deux saintes-femmes adossées à Saint-Pierre et à Saint-Paul; aux extrémités, Saint-Jean et Sainte-Marie-Madeleine qui sont modernes, et, derrière le Christ, une charmante Vierge-Mère.

En plus des croix qui, on l'a déjà dit, rappellent le passage des Normands, et des Templiers, la paroisse de Trémaouézan en a encore d'autres sur son territoire: une, au bourg, au lieu dit Bec-ar-Groas, et qui est de 1806, d'après une mention dans les comptes de cette année: « A François Billon, pour avoir levé et accomodé une croix près du cimetière... 37 l. »; deux sur la vieille route de Landerneau: ar *Groas-Vras* ou *Croas-Nevez*, dont parlent les comptes de 1668, et ar *Groazic-Ver* ou *Croix de la Fontaine Blanche*, ainsi nommée dans les comptes de 1665; deux à l'entrée des villages de Kergaro et de Kerlohou (ar *Groas-Ven*), et une autre, non loin de Kergunic, sur la route de Plounéventer. Ces croix ne portent ni inscriptions ni sculptures.

Quelques-unes de ces croix paraissent être assez vieilles pour être de celles que S. Budoc érigeait par les bourgs et sur les chemins du Léon (1), ou du moins de celles dont le IXe siècle couvrit, dit-on, le sol de notre Bretagne. D'autres sont certainement plus jeunes et dateraient, peut-être, du temps de Rolland de Neufville (2), cet évêque de Léon qui fit ériger 5.000 croix dans les chemins et carrefours de son diocèse, afin, disait-il, que les fidèles rencontrassent partout les signes augustes de notre rédemption. » (3).

Enfin, à deux petits km. au Nord-Est du bourg de Trémaouézan, au recoupement des routes de Saint-Méen et de Trégarantec, se

_____

(1 et 3) A. Le Grand, loc. cit., p. 111, et 755.
(2) Evêque de Léon, de 1562 à 1613.

dresse une croix gothique, montée sur un piédestal de 0^m90 de côté, et ayant 2^m10 de hauteur.

Au haut du fût, sont deux blasons au chef endenché. Ce sont les armes des Penancoët, seigneurs de Quillimadec, qui portaient *d'argent au chef endenché de gueules*. Chose curieuse, le Christ, ici, est tourné vers Coatrez et Quilimadec, manoirs des Penancoët, plutôt que vers l'une ou l'autre des routes qui se croisent à ses pieds.

Cette croix porte le nom de *Croas-ar-Receour* (croix du Receveur), vraisemblablement parce que c'est sous le regard de son Christ que se percevait jadis la dîme des seigneurs ou celle de l'église (1).

Qu'on nous permette, avant de clôre ce chapitre, de faire une excursion sur les territoires de notre ancienne mère-paroisse, Ploudaniel, pour signaler aux archéologues une magnifique croix de granit que l'on rencontre auprès du village de Kerléau, sur le chemin qui relie le bourg et Ploudaniel à ce village, tout près de la route de Trémaouézan à Trégarantec.

____

(1) Opinion de M. l'abbé Simon, recteur de Plounéventer, qui est certain que, dans la paroisse de Landelau, en Cornouaille, la dîme se percevait au pied d'une croix.

Cette croix, connue sous le nom de *Croaz-Nuz*, est d'un seul bloc et mesure, sans compter son soubassement, 2ᵐ60 de hauteur. Sur l'une de ses faces est un écusson fruste et, au-dessous, une superbe épée, longue de 0ᵐ95, la pointe en bas. Sur l'autre face, un bouclier, en forme d'écu allongé, surmonté d'une croix de Malte.

Croaz-Nuz.

Croaz-Nuz se trouve à environ 4 km. de la vieille motte féodale de Lan-Nuz, qui a porté autrefois, pensons-nous, le château des *Nuz* de Plounéventer. Ces seigneurs blasonnaient *d'azur à l'épée d'argent garnie d'or, posée en bande, la pointe en bas, accostée de deux quintefeuilles d'or*. Don Morice (preuves, I, 1120) rapporte qu'en 1296, Hervé de Léon, Seigneur de Chateauneuf, et ses fils Henri VI et Guillaume de Hacqueville, furent accusés du meurtre de Mre Alain Nuz par Mestres Yves et Salomon Nuz, ses frères, et Pierre, dit Prévost de Kerahez, mari de Marguerite, sœur dud. Alain. La croix de Nuz ne rappellerait-elle pas le drame sanglant dont parle Dom Morice?

III.

La Fontaine
de Saint Jean=Baptiste.

Une promenade d'environ deux cent mètres, dans la direction N.-O., vous mène du bourg de Trémaouézan à la fontaine Saint-Jean que les pèlerins d'autrefois ne manquaient jamais de visiter, après avoir vénéré à l'église la relique du saint-Précurseur.

Entourée d'un enclos carré de cinq mètres de côté, la source alimente deux bassins rectangulaires dont les eaux vont se déverser dans un lavoir extérieur. Sur le côté Ouest de

Fontaine Saint Jean

l'enceinte, un petit édicule abrite une belle statue, en pierre, de Saint-Jean. Le saint tient de la main gauche un livre sur lequel est couché un agneau et bénit de la main droite les eaux de la fontaine qui sourd à ses pieds. Sous la niche, une pierre en forme de tombeau d'autel, ornée d'une tête d'ange, porte la date de 1656.

Comme on peut s'en apercevoir par la photographie reproduite ci-contre, le monument de Saint Jean est un assemblage assez singulier de maçonnerie grossière et de pierres finement sculptées. C'est qu'on n'a devant soi qu'une restauration exécutée avec peu de soin à l'époque relativement récente où l'on a construit le lavoir. Le dais gothique de la niche et le fleuron feuillagé qui couronne l'édicule proviennent, soit des parties de l'église qui ont été démolies lors des agrandissements, soit d'une autre fontaine dont il nous faut dire aussi un mot pour mémoire.

IV.

Fontaine de Notre-Dame

Elle se trouvait à quelques mètres au N.-O. de l'église, sur le bord droit de la route qui conduit du bourg à la gare. On la trouve mentionnée, avec la fontaine Saint-Jean, dans les comptes de 1720. « Payé pour accommoder la fontaine de la Vierge et Saint-Jean, 8 livres 8 sols. »

Cette fontaine avait la réputation d'opérer des cures merveilleuses et attirait toute l'année d'innombrables pèlerins, mais aussi, paraît-il, quantité de mendiants. Quelques-uns de ceux-ci estimaient même la place si bonne, qu'ils avaient bâti des huttes et des maisonnettes dans un petit bois à côté de l'église et s'y étaient installés à demeure. La Révolution vint et trouva là le prétexte qu'elle cherchait pour faire fermer la fontaine. Elle représenta que la présence de ces mendiants, infectés de plaies, constituait un grave danger pour la santé des habitants et que la fréquentation de la fontaine était en grande partie cause de la cherté des vivres dans la région ! et elle la fit combler.

Il ne paraît pas que les agents révolutionnaires aient réussi à convaincre la population de Trémaouézan de l'utilité de leur entreprise contre la fontaine de Notre-Dame, et c'est certainement à cause des sentiments hostiles qu'on leur montra qu'ils se bornèrent, d'après ce que l'on dit, à ensevelir l'édicule sous une épaisse couche de terre, sans trop l'endommager, non plus que la grille en fer forgé dont il était entouré. Si donc les souvenirs des habitants sont fidèles, on retrouverait le petit monument à peu près intact.

CHAPITRE VI

La Trève d'autrefois

Trémaouézan avait, avant le Concordat de 1801, les mêmes limites qu'aujourd'hui. Toutefois, la paroisse-mère, Ploudaniel, lui avait cédé neuf hameaux ou villages, quatre sur les confins de Plounéventer: Kergongar, Le Treuscleuz, Coatdéniel et le Ruveur, et cinq dans le voisinage de Saint-Eloi (1): Mériénen, Ménezléon, Le Rest, Penfrat et Lestréonnec. Les habitants de ces villages relevaient de Trémaouézan pour les baptêmes et les enterrements, mais non pour les mariages et les pâques, qui devaient se faire à Ploudaniel. La raison du rattachement de ces hameaux à Trémaouézan se devine aisément: alléger le service des prêtres qui desservaient la vaste paroisse de Ploudaniel, en distrayant de celle-ci les villages les plus éloignés du centre

____

(1) Chapelle à 7 km. au sud du bourg de Ploudaniel et à 4 km. de Trémaouézan.

parcissial, et donner à la trève une population qui lui permettait d'avoir deux prêtres et, donc aussi, deux messes, les dimanches et fêtes. On verra plus loin combien nos tréviens tenaient à ces deux messes. Avec le supplément de population fourni par Ploudaniel, Trémaouézan comptait, en 1684, plus de 600 communiants, soit au moins 900 âmes.

On ne voit pas que la paroisse et la trève aient jamais eu de démêlés au sujet des villages annexés, sauf en 1730, où on lit, à la suite d'un acte de décès rédigé par l'abbé Corfa, vicaire de Trémaouézan: « Catherine Corcu, du village de Kergongar, fut enterrée le 5 Janvier par le soussignant. Le Recteur, l'abbé Le Gentil, dit de mettre sur les cáyers mortuaires que la dite défunte, qu'il prétend être de sa paroisse pour aussi les enterrements, serait enterrée ici avec sa permission, quoique les enterrements dudit village et de trois autres, qui sont Le Ruveur, Le Treuscleuz et Coatdeniel, se soient faits ici jusque depuis peu de temps. »

Trois mois après, le même vicaire inscrit le décès de « Allain Le Ménez, du village de Kergongar, de la paroisse de Ploudaniel à présent, parce que Monsieur Allain Corbé, curé de cette trève, à ce que j'ai entendu dire, a eu la bonté de céder de son droit les quatre villages de Kergongar, Coatdéniel, Le Treuscleuz et Le Ruveur à Monsieur Le Gentil, recteur de cette paroisse, quoyque les dits villages étaient à cette trève auparavant quant aux enterrements et baptêmes. Ainsi, puisque Monsieur Allain Corbé, curé, a signé un billet avec Monsieur Le Recteur Le Gentil, à ce qu'on m'a dit, Monsieur notre Recteur Le Gentil a dit de mettre par écrit que l'enterrement a été fait avec sa permission, et qu'il a eu son droit... »

Le 27 avril suivant, même note au sujet d'un enterrement du Treuscleuz. Le bon M. Corbé, depuis longtemps malade, mourut huit jours après, et, avec son successeur, M. Le Gentil dut être plus accommodant, car les registres des baptêmes et décès cessent, dès l'arrivée du nouveau curé de la trève, de mentionner les droits du recteur sur les villages précités.

I.

Les Curés de Trémaouézan
et leurs auxiliaires

Comme on vient de le dire, Trémaouézan, avant la Révolution, était desservi par deux prêtres dont l'un est appelé, dans les actes qui nous restent du vieux temps, tantôt curé, tantôt subcuré de la trève ou de la chapelle de Notre-Dame de Trémaouézan ; l'autre, son coadjuteur, ne se donne habituellement d'autre qualification que celle de *prêtre de Trémaouézan*, et cette absence de titre fait qu'il n'est pas toujours facile de le distinguer des autres ecclésiastiques qui, à certaines époques, habitèrent sur le territoire de la trève.

II.

Liste des Curés

Voici d'abord, telles que les archives locales permettent de la reconstituer, la liste des curés de Trémaouézan :

1538. Salomon Goff.

1589. André Guen.

1589. Guillaume Baron, « curé du Treff de Treffmaouézan ». Il lègue à la fabrique une partie du champ dit Parc-Menez, au terroir de Kersioc'h, en Trémaouézan.

1597-1601. Geffroy Quéré. Laisse à l'église par testament du 15 août 1597, un parc dit fouennoc Rivoal ou fouennoc Roquin, moyennant « pour lui et ses hoirs, à perpétuité, place d'une tombe et enfeu en la chapelle neuve que l'on construict à présent. » (1).

1601-1625. « Maistre Alain Le Guen, prêtre et curé de la chapelle de Notre Dame de Trémaouezan. »

C'est le célèbre professeur du Vénérable Dom Michel Le Nobletz. Originaire de Trémaouézan, il dirigeait à Ploudaniel une école où il faisait faire leurs humanités aux jeunes gens du pays, qui aspiraient au sacerdoce. Michel Le Nobletz fut non seulement son élève pendant environ quatre ans (1591-1595), mais encore son servant de messe. Déjà, à cette époque, Alain Le Guen venait très souvent célébrer la sainte messe dans l'église de sa trève natale. Il serait bien étonnant que son pieux enfant de chœur — autant par dévotion que pour ne rien perdre des leçons du maître — ne l'y ait quelquefois accompagné (2).

Il a dû y venir aussi avec les seigneurs du Poulpry, dont il était l'hôte au manoir du même nom, aujourd'hui Trébodennic, auprès du bourg de Ploudaniel. Les Poulpry étaient apparentés aux Penmarc'h, et on les voit

____

(1) La chapelle Saint-Jean. — Invent. des titres de la fabrique, fᵒ 3, verso.

(2) Sentiment de M. l'abbé Maguet, recteur de Ploudaniel.

assez souvent représenter ceux-ci à Trémaouézan, particulièrement lorsqu'il s'élevait quelque litige au sujet de leurs droits honorifi-
ques dans notre église.

Il est même probable que les Le Jar et les
de l'Isle-Kermorvan, qui habitaient Trémaouézan au temps de Dom Michel, étaient des
parents; du moins trouvons-nous, peu après,
ces familles établies à Chef-du-Bois (près
Landerneau), résidence qui appartient depuis
longtemps aux de Lesguern dont la mère de
notre grand missionnaire portait le nom.

Alain Le Guen devint curé de Trémaouézan
en 1601. C'est de son temps que fut construit
le porche monumental dont on a parlé plus
haut. Son testament est perdu, mais il est
relaté comme suit dans l'inventaire déjà cité
des titres de la fabrique: « Fondation faitte
par Missire Allain Le Grand pbre, lequel aurait
payé à la ditte fabrique la somme de cinquante livres monnaye, à condition aux fabriques lors en charge et leurs successeurs de
faire journellement sonner, à l'heure de midy
et du soir, la cloche de la ditte esglise de Trémaouézan pour l'Angelus. »

Le bon curé mourut en 1625 et fut inhumé
dans la chapelle Saint-Jean. C'est encore l'inventaire de 1687 qui nous l'apprend, quand

il relate que Geffroy Quéré, dans son testament, demande « l'aplacement d'une tumbe en la chapelle neuffve et dans le second rang, joignant la tumbe de Missire Alain Le Guen. » Ce testament étant de 1597, et Alain Le Guen n'étant mort que vingt-huit ans après, celui-ci avait donc choisi sa place funèbre dans la chapelle Saint-Jean, l'année même où on la construisait.

Un registre de la Confrérie des Trépassés à Ploudaniel, de l'année 1626, contient le nom d'Alain Le Guen dans la liste de ses membres défunts : « Alanus Le Guen, subcuratus et scolatiscus de Trémaouézan ». Avant de mourir, le subcuré avait fondé lui-même, à Trémaouézan, un service à perpétuité, dont les comptes relatent la célébration, chaque année, au jour de la Saint-Etienne, jusqu'à la Révolution.

1625-1636. Hervé Fily. Fut vicaire de Trémaouézan avant d'en devenir curé. Meubla le porche de ses statues d'apôtres. Donna, en 1617, une maison et ses dépendances, au lieu de Kergongar, à la fabrique, à la charge par celle-ci « d'enregistrer son nom sur la prière dominicale et de payer, le 2 février annuellement, à la confrairie du Saint Sacrement, la somme de dix sols pour aider au payement des prières de la dite confrairie ». (*Invent.* p. 4.)

1636-1666. Yves Kermarec. C'est à lui que sont dus les autels de Trémaouézan et leurs beaux retables.

1666-1675. Geffroy Moalic, « prêtre et curé de Notre Dame de Trémaouézan ». Fonde en faveur de l'église une rente annuelle de six livres à prendre sur un champ nommé Parc-Menez bian, au terroir de Kermoalic, en Trémaouézan, à condition par la fabrique de faire célébrer pour lui, le lundi de Pâques et le premier dimanche d'octobre, à perpétuité, un service et de faire mettre deux cierges allumés sur sa tombe.

1675-1685. Nicolas Edern, cité dans la liste des prêtres de Beuzit-Conogan en 1656 (1). Devient, en 1685, recteur de Saint-Thonan.

1685-1686. François Isac.

1686-1728. Pierre Thépault, Reconstruisit le clocher en 1714. A laissé à l'église un champ sis au terroir de Kergabel.

Voici un extrait de son testament, daté du 14 septembre 1728. « Le testateur, après s'être recommandé à la Très Sainte Trinité, réclame la lumière du Saint-Esprit et la protection de la Sainte Vierge, Mère de Dieu, avec les

____

(1) **Bull. Dioc.** III, 172).

suffrages de tous les saints et saintes du Paradis, souhaite et veut que son corps soit enterré dans le cimetière de la dite trève, auprès de la croix posée dans l'endroit où l'on a enterré les reliques, et que l'on fasse poser et placer sur son tombeau une pierre tombale au bout de laquelle on fasse faire un bénitier... et, afin que les trésoriers marguilliers consécutivement en charge du temporel de l'église tréviale de Trémaouézan aient soin de tenir continuellement et perpétuellement de l'eau bénite dans ce bénitier, le testateur ordonne et veut qu'incessamment après son enterrement on délivre la somme de six livres, une fois payée, à la fabrique de lad. église tréviale de Trémaouézan, et de plus lègue par son présent testament à lad. fabrique la somme de six livres par an... à la charge... de faire célébrer une messe à haute voix annuellement et perpétuellement, sans interruption, dans lad. église, le jour de St Pierre, son parrain... De plus, le testateur veut et ordonne que l'on fasse célébrer incessamment après son trépas le nombre de quinze messes à basse voix: pro defunctis, pour le repos de son âme, et qu'on délivre et distribue la somme de Trente livres aux pauvres de la d. trève... »

1728-1730. Alain Corbé. Originaire de la trève, il était vicaire et maître d'école depuis 1715. Mort le 4 mai 1730, à l'âge de 42 ans et demi.

1730-1738. Guillaume Pellé.

1738-1775. Etienne Luslac. Il était né à Kersaint-Plabennec et devait être de la famille de Toussaint Luslac, père récollet de Lesneven, dit le grand directeur, mort en 1707. On voit, au temps où E. Luslac, était curé de Trémaouézan, des récollets de Lesneven venir faire du ministère dans la trève; en particulier le P. Candide Guéguen, qui signe, en 1774, gardien des récollets de Lesneven et, plus tard, définiteur récollet. E. Luslac mourut le 6 Juillet 1775. Sa pierre tombale se voit dans le cimetière de Trémaouézan.

1775-1818. Guillaume Huguen. Né à Ploudaniel, en 1743. « Prêtre de Ploudaniel » avant d'être nommé curé de Trémaouézan. (Voir plus loin, au chapitre de la Révolution.)

1818-1820. La paroisse est sans prêtre.

1820-1834. Mathias Allançon, desservant. Originaire de Brélès; ordonné le 22 Mars 1817; vicaire d'Ouessant de 1817 à 1820. (1) — Dans le cimetière de Trémaouézan, pierre

____

(1) Cf. **Bull. Dioc.** IV, 93 et XIII, 345.

tombale de Jean-François Allançon, prêtre, ordonné le 18 Mars 1820, recteur de Saint-Marc en 1822 (1), décédé à Trémaouézan le 1er Mars 1824, à l'âge de 27 ans.

1834-1837. Jean-Baptiste-Marie Caër, desservant; originaire de Trégarantec, mort curé de Guipavas en 1857.

1837-1868. Jean-Marie Caroff, desservant, décédé à Trémaouézan le 11 Octobre 1868, à l'âge de 68 ans. Tombe au cimetière.

1868-1885. Jean Quideau, recteur.

1885-1890. François-Marie Fily.

1890-1895. Hippolyte Courtois.

1895-1899. Jean-Marie Hamon.

1899-1908. Yves Morvan.

1908-1912. Pierre-Marie Riou.

1912-1916. Joseph-Marie Mével.

1918.　　　Prigent Cann.

III.

Vicaires ou Prêtres
résidant dans la Trêve

1589. Maistre Yves Moalic, témoin au testament de Mre Geffroy Quéré en 1597.

---

(1) Toscer, **Finistère pittoresque, Léon et Trêguier**, p. 133.

1589-1604. Maistre Yves Faou, cité dans le même testament.

1596. André Quéré.

1597-1607. Yves Le Guen. Fait le 7 Janvier 1607 une fondation en faveur de l'église. « A été remontré par vénérable personne Mre Alain Le Guen, curé au dit treff, que vénérable personne Yves Le Guen, natif au dit treff, diacre en l'église catédralle de Léon, est en volonté de donner aux dits marguilliers d'icelle église, à perpétuité, deux parcs situés au terrouer de Beaumont, l'un appelé Meas-ar-Puns, l'autre Parc-Bihan. Le dit Mre Yves Le Guen présent en sa personne, désirant être participant aux bonnes prières, messes et oraisons qui seront dites et célébrées en icelle église et aussy désirant augmentation et édification de l'église milittante, a de bon gré et franche volonté donné... les dits deux parcs, ...à condition aux dits marguilliers de faire dire et célébrer, après son deçoys, deux offices et service à perpétuité en la dicte église par an, l'un le troisième dimanche du moys de Juillet et l'aultre le jour de Monsr Sainct Yves, au moys d'octobre... »

1602-1639. Geffroy Le Roux, « soulz curé de Trémaouézan. » Donation à l'église par acte du 11 Janvier 1632. « Mre Geffroy Le

Roux, p^re demeurant au treff de Treffmaouézan au village de Kerudular, lequel Roux
pour être participant aux oraisons et prières
qui se font journellement en la dite esglise
de N^re Dame de Treffmaouézan... a baillé,
livré, cédé, quitté, délaissé, transporté à tiltre
de pur don... irrévocable et à perpétuité
scavoir six livres douze sols de rente dessus
un convenant situé à Kerudular... à condition
aux fabriques de faire célébrer un service à
l'intention du donateur par chacun an et
chacun dimanche de la passion, pour être
célébré par tous les sieurs p^bres de la d. esglise,
et douze soulz à la confrairie du sacre après
le décoix dudit donateur... le surplus de la
d. somme demeurera aux fabriques pour
tenir les ornements et réparations de la
d. esglise... »

1604. Alain Le Blanc. Peut être le même
que Alain Le Guen.

1617. Hervé Le Gall.

1617-1625. Hervé Fily. Devenu curé de
Trémaouézan.

1632-1636. Yves Kermarec, ensuite curé de
la Trève.

1633. Yvon Bourhis, prêtre demeurant au
village de Kermaria.

1636-1665. Jean Compez, « prêtre de la dite trève », demeurant à Kersioc'h. Lègue de ses héritages à Kersioc'h, par donation du 25 Mai 1638, pour l'église en jouir après sa mort, moyennant messes, etc.

1643-1652. Alain Page ou Paige, p^bre de l'église de Trémaouézan. Contrat de 1652 par lequel, en exécution du testament d'Alain Page, son frère Maudétz lègue à l'église Parc-al-Lan, à Crélin, en Ploudaniel, « à condition de faire célébrer un service solennel et grande messe et un nocturne des morts avecq les prières à l'issue de la dite messe, le troisième dimanche de chasque caresme, à perpettuité, avec l'applacement d'une pierre tumballe auprès de l'authel de Sainct Sébastien, du costé de l'évangile, et de payer par an deux sols à l'hautel-Dieu de Paris et deux autres sols aux Quinze-Vingts. »

1645-1651. Jean Lorleac'h, qui signe : « prêtre indigne ». 1650.

1645. François Jaouën.

1652-1666. Geffroy Moalic, ensuite curé de Trémaouézan.

1665-1670. Alain Le Guen.

1665-1684. Yves Gourmelon, prêtre habitué, demeurant au village de Kergunic. Mort le 14 Avril 1684 au village de Kergozian, en

Plouédern. Testament du 9 avril 1684 : « Mre Yves Gourmelon, p^{bre}, alité au village de Kergozian... languissant depuis longtemps, sain toutefois d'esprit et libre de volonté, après avoir en premier chef recommandé son âme à Dieu son Créateur et Rédempteur, à la Vierge sainte, aux autres saints et saintes de la cour céleste, son corps après son trépas être inhumé dans l'église de Notre Dame de Trémaouézan, comme étant habitué en la dite église et originaire de la dite trève... lègue un champ nommé Parc-an-Saudy, au terroir de Kergunic, à condition et telle charge que pour le repos de son âme et de celles de ses parents soit célébrée une messe solennelle avec le nocturne ordinaire, chaque premier dimanche de caresme, et c'est son intention que le célébrant reçoive pour rétribution, de la dite fabrice, dix sols pour ne pas partager le fruit spécial qu'il doit percevoir de la dite messe, et chacun des autres prêtres à l'ordinaire de lad. église... »

1668-1691. Yves Kermarrec.

1675-1677. Sébastien Mével, p^{bre} du d. Trémaouézan. »

1688-1720. Alain Laurent, du village de Menhir. Tient les petites écoles. Lègue à la fabrique, en 1717, deux champs : Goarem

Cornfernal ou Conserveur, et Parc-Gauzian ou Coussien. Meurt à Menhir le 15 février 1720, âgé de 59 ans.

1715-1728. Alain Corbé. Remplace le précédent à l'école. Devenu curé de Trémaouézan.

1725. François Galliou.

1726. Etienne Le Guen, « p^bre du bourg de Trémaouézan. » Faisait école avec Alain Corbé. Meurt au bourg, le 28 avril 1726.

1728-1743. François Corfa. Donne à l'église, suivant contrat du 28 Mars 1729, un champ à Kermaria, dit Liorz-ar-Foën.

1745-1748. Alain Pouliquen.

1745-1756. Benoît Jestin. Tient les petites écoles.

1749-1759. Christophe Mauroux.

1757-1786. Nicolas Le Roux. Mort à Trémaouézan, à l'âge de 65 ans. Pierre tombale dans la plateforme de l'escalier du Cimetière.

1786-1792. Yves Marie Berthou.

IV.

Ecclésiastiques

originaires de Trémaouézan

1655. Hervé David, « p^bre et sieur recteur de la paroisse du Crucifix, résidant en la ville de Saint-Paul. » Donne à la fabrique de Trémaouézan une garenne dite Goarem-Poul-ar-Guily, moyennant « service et applacement d'une tumbe joignant les balustrades et porte de la sacristie. »

Jean-François Jézéquel, recteur de Landéda, de 1827 à 1835.

Jean Le Gall, vicaire à Saint-Thégonnec, recteur de Garlan, mort en 1854, âgé de 46 ans.

Yves-Marie Roudaut, mort professeur au collège de Lesneven, en 1873, âgé de 26 ans.

François-Marie Roudaut, vicaire à Saint-Louis de Brest, sous-principal du Collège de Saint-Pol-de-Léon, recteur de Cléden-Cap-Sizun, mort recteur de Plounévez-Lochrist en 1910, 62 ans.

Yves-Marie Le Roux, ordonné en 1892, vicaire à Esquibien puis à Moëlan, recteur du Juch, de 1911 à 1919 ; recteur du Guilvinec de 1919 à 1924; recteur de Cléder.

Yves Branellec, prêtre en 1912, vicaire auxiliaire à Henvic, vicaire à Saint-Pierre-Quilbignon depuis 1919.

Jean-Louis Déniel, prêtre, ordonné en 1920, vicaire à Concarneau.

V.

Ecclésiastiques qui signent aux Registres de l'Etat-Civil de Trémaouézan, de 1683 à 1789.

1683. Jean Le Roux, curé de Lanneufret.

Guillaume Trévian, prêtre de Plounéventer.

1684. Yves Jézéquel, prêtre de Ploudaniel.

1685. Nicolas Le Pappe, recteur de Ploudaniel.

François Abhervé, prêtre de Ploudaniel.

Allain Galliou, prêtre de Ploudaniel.

1690. Ollivier Dolou, prêtre de Trégarantec.

1693. Claude Touich, prêtre de Ploudaniel.

Antoine André, recteur de Plouédern.

1703. Yves Le Dantec, prêtre desservant en l'église de Plounéventer.

Mathieu Quéméner, prêtre de Ploudaniel.

1712. Guillaume Pellennec, curé de Plounéventer.

1713. Pierre Vincent de Coëtnempren, recteur de Plounéventer.

1726. Augustin Bonnemez, recteur de Plouédern.

Y.-V. de Mesnoalet, recteur de Scaër.

1727. Yves Le Guen, prêtre de la paroisse de
 Plounéventer.
 A. Le Guen, curé de Plouédern.
 P. Guillou, recteur de Beuzit. (1)
 Kerjean, curé de Beuzit.
 Michel Le Gentil, recteur de Ploudaniel.
 P. Bléas, prêtre de Ploudiry.
1731. Du Porzic, recteur de Lanneufret.
1734. Yves Burel, curé d'office à Ploudaniel.
1735. De Lézervant, recteur de la Boues-
 sière.
1749. Le Roux, recteur de Plounéventer.
1753. Jean Quéméneur, recteur de Lanneufret.
1754. Nicolas Le Roux, prêtre de Ploudaniel.
 Yves Le Ber, prêtre de Ploudaniel.
1755. J. Le Barz, recteur du Drennec.
 Colin, prêtre de Plouédern.
 Louis Derrien, prêtre de Lesneven.
1758. J. Inisan, prêtre de Ploudaniel.
 Toullec, prêtre de Saint-Thomas de
 Landerneau.
1762. F. Cochard, prêtre de Ploudaniel.
1764. François Héliez, prêtre du Folgoat.

------

(1) Ancienne paroisse auprès de Landerneau, appelée aussi Beuzit-Conogan et La Bouexière.

Guillaume Le Bras, curé de Plounéventer.

1768. H. Le Duff, prêtre de Ploudaniel.

A. Pouliquen, prêtre de Ploudaniel.

1769. Charles Pen, recteur de Ploudaniel.

1771. Fr. Barz, prêtre desservant de Saint-Derrien.

1773. V.-M. Rolland, curé de Guipavas.

1774. Guillaume Le Rest, prêtre de Plouédern.

Gourvézan, recteur de Plouédern.

1775. Guillaume Huguen, prêtre de Ploudaniel.

F.-M. Kerauffret, prêtre de Ploudaniel.

F. Héliez, curé de Saint-Méen.

M. Bolloré, prêtre de Plounéventer.

1786. Balanec, curé du Minihy de Léon.

F. Le Fur, recteur de Plougourvest.

M. Richou, principal du collège de Léon, bachelier de Sorbonne; signe recteur de Guimiliau en 1787.

Hardy, Chanoine de Léon.

H. Niquet du Loutre? chanoine de Léon.

Henry, chanoine théologal de Léon.

Goff, prêtre de Ploudaniel.

André, recteur de Plouédern.

1789. P. Favé, recteur de Trégarantec.

IV.

Le prêtre-instituteur

L'auxiliaire du curé de Trémaouézan était chargé « de dire et célébrer les messes matinales de la dite église, les fêtes et dimanches, pour la commodité des tréviens », de faire les catéchismes et de tenir les petites écoles. Comme rétribution il avait « 20 sols par chaque fondation à chant et 10 sols par chaque fondation à basse voix », ce qui lui rapportait annuellement une centaine de livres; il avait, en outre, un traitement fixe de 60 livres par an pour les petites écoles, et enfin la jouissance d'une maison au bourg et de deux ou trois menues pièces de terre appartenant à la fabrique.

Chaque fois que l'école changeait de titulaire, le corps politique de la trève passait avec le nouvel instituteur un contrat en bonne et due forme. « Que le sieur Corfa, dit un de ces contrats daté de 1728, prenne 60 l. pour les petites écoles qu'il fera dans les jours ouvrables aux enfants de la trève, à une heure après-midi, permis néanmoins au dit sieur Corfa de donner vacation un jour dans les semaines qu'il ne sé trouve aucune fête gardée, et que le dit sieur Corfa sera payé au prorata du temps de son service qu'il continuera tant et aussi longtemps qu'il le souhaitera, sans qu'on puisse lui ôter les dites écoles pour les donner à autre... Même en cas de maladie il suffira au dit sieur Corfa de faire faire les petites écoles par quelque autre de probité et de suffisance... »

Dans un autre contrat de 1749, il est dit que « le sieur Mauroux fera l'école aux » enfants de la trève, excepté le jeudi et les » mois d'août et de septembre. »

L'existence de l'école de Trémaouézan était assurée par une fondation. « Suivant le rapport des anciens de la trève, lit-on à la première page d'un rentier de l'église commencé en 1784, la fondation de l'école est de dessus une maison du bourg, conjointement avec d'autres terres, mais on ne trouve pas le contrat, une partie des titres [de la fabrique] ayant été volés aux archives en 1772. » D'après les dires des habitants, cette maison est celle qui borde la place du bourg du côté Nord, possédée anciennement par les seigneurs de l'Isle-Kermorvan et les Penfeunteniou.

VII.

Autres prêtres,
Abondance, Pénurie

Outre le curé et le vicaire, il y avait très habituellement dans la trève un ou deux autres prêtres retirés dans leurs familles pour y attendre un poste ou y vivre leurs derniers jours. Ces prêtres, dans la mesure où ils le pouvaient, prêtaient leur concours au ministère paroissial et la population se montrait heureuse de leur présence, assurée que, tant qu'ils seraient là, elle ne serait pas privée d'une chose à laquelle elle tenait beaucoup: la messe matinale, aux dimanches et fêtes.

Mais il arriva, au moins trois fois, que ces ecclésiastiques firent défaut et aussi le vicaire indispensable. Cette privation fut considérée par les tréviens comme une véritable calamité, si du moins l'on en juge par les délibérations et démarches qu'ils multiplièrent pour avoir au plus tôt le prêtre désiré.

Voici un des actes prônaux qui se rapportent à la question: « Le Dimanche 28ᵉ jour de Mai 1684, au prône de la grande messe dite et célébrée par Mᵣᵉ Nicolas Edern, pᵇʳᵉ, sieur curé de la trève, a été remontré de la part de Hervé Le Guillou et Yves Le Vern, fabriques de la dite église, que depuis la mort advenue à Mre Yves Gourmelon p^bre, il y a environ deux mois, et pendant sa maladie, il n'y a eu en la dite trève que le sieur curé, seul prêtre, qui ne peut subvenir au service nécessaire de la dite trève, tant pour le service de l'église que pour le salut des habitants... et moyen de desservir les fondations établies en la dite église, et qui montent à près de 600 livres de rente, que les fondateurs prétendent faire transporter ailleurs faute d'être desservies..

« ...Ils remontrent au général de la dite trève la nécessité qu'il y a d'avoir en icelle deux autres prêtres (1) pour le service de la d. trève et desservir les fondations... et pour cet effet somment le général de délibérer, à défaut de quoi déclarent laisser le tout à tous périls et fortune... »

Le général délibère et décide d'envoyer à Mgr une délégation, composée du sieur curé et de deux fabriciens, pour demander deux prêtres. Mais l'évêque, à ce moment, n'avait pas de sujets disponibles et ne put que leur communiquer la liste des prêtres habitués, retirés çà et là dans les paroisses et

---

(1) Le curé Edern venait d'être nommé recteur de Saint-Thonan.

à leur souhaiter que quelqu'un de ces prêtres voulût bien consentir à les suivre.

Le corps politique commença sa campagne et, tôt après, on eut un nouveau curé, mais le vicaire ne se laissa pas trouver aussi facilement. Un homme fut mis en route et passa successivement par Berven, Landivisiau, Ploudiry, Plounéour-Ménez, Poullaouen, Morlaix, Saint-Pol et Brest, sans découvrir celui qu'il cherchait. Ce n'est qu'au bout de quatre ans que la trève eut les deux prêtres dont elle ne pouvait se résigner à se passer.

En 1728, le vicaire manqua encore, mais cette fois la crise eut un dénouement plus rapide. « Comme il ne se trouvait aucun prêtre en la trève pour servir de coadjuteur au service divin, pour dire la messe matinale et pour faire les petites écoles, les dits fabriqueurs et habitants, du consentement général, ont requis le sieur Corfa, qui en est originaire, d'y revenir, lequel consentant, les dits fabriqueurs le fondent et établissent dans toutes les prérogatives, profits et émoluments dont les simples prêtres de la dite trève ont joui au passé. »

On prie le recteur de Ploudaniel de ratifier la nomination, « ainsi qu'il a droit pour la trève dépendant de sa paroisse », et Mʳ le

recteur, pour approbation, a écrit de sa main:
« Je suis enchanté que Mr Corfa vienne travailler dans notre trève de Trémaouézan, de
concert avec Mr Corbé ». Celui-ci ayant été
nommé en même temps que M. Corfa, l'approbation du recteur lui arrive par le même
courrier: « Ravi de l'établissement du sieur
Corbé en la dite charge de curé comme originaire de la trève ». Signé: M. Le Gentil, recteur de Ploudéniel.

Vingt ans après (1748), on eut encore quelque peine à procurer un coadjuteur au curé :
« Le Corps politique représentant le général de
la trève » adressa une supplique à l'évêque
pour le prier de vouloir bien ordonner que
l'on mit gratuitement à la disposition du
vicaire la maison qui lui était auparavant
louée trente-six livres, « sans quoi, ils [les
tréviens] ne peuvent trouver un second prêtre
dont ils ne peuvent se passer. La fabrice est
bien en état de supporter cette charge, les
comptes montant pour l'ordinaire à sept ou
huit cent livres, et les habitants, tant grands
que petits... redoubleront leurs prières pour
la conservation de Sa Grandeur et celle de
son illustre famille. »

L'évêque fit droit à la requête qui lui était
présentée et, quelques jours après, les habi-

tants de Trémaouézan avaient la joie de recevoir un nouveau vicaire.

On n'oublia pas de remercier Monseigneur : « Pour éterniser notre reconnaissance envers Messire Louis Goujon de Vaudurant, notre illustre prélat..., nous, soussignant, Corps politique de la susdite trève de Trémaouézan, ayant en notre tête missire Denis-Pierre Le Barz notre recteur et missire Luslac notre curé... avons convenu de rapporter en son entier la requête cy après... sur le présent cayer des délibérations et d'en déposer l'original aux archives de Trémaouézan pour en instruire la postérité, ce qui a été fait... »

Suivent le texte de la requête, les conclusions favorables du promoteur, M. Prigent, chanoine théologal, l'ordonnance épiscopale et l'acte prônal lu par Deny-Pierre Le Barz, prêtre, Bachelier en Théologie de la faculté de Paris et recteur de Ploudaniel, donnant connaissance aux tréviens de la décision de l'évêque.

VIII.

Patrons et Seigneurs prééminenciers

Les paroisses avaient autrefois un patron qui possédait généralement le droit de « présenter » à l'évêque un prêtre auquel il attribuait de sa propre volonté la dotation attachée au bénéfice. Ce patron était originairement le fondateur de l'église; il est dit « seigneur fondateur et prééminencier de l'église », mais ses droits ont passé avec le temps à des successeurs fort divers; au XVIIe siècle, les patrons ayant le droit de présenter étaient des seigneurs laïques, des abbés, des chapitres, des chanoines, le roi lui-même, pour certaines abbayes (1).

En plus de leur droit de présentation, les seigneurs fondateurs jouissaient de plusieurs autres droits: droit d'élection des gouverneurs ou fabriques, droit d'audition des comptes et de voix à l'emploi des oblations et revenus, privilège d'avoir leurs armes en certains endroits des églises.

Les armes des fondateurs de l'église de Trémaouézan se voyaient « immédiatement

_____

(1) La Borderie, **Hist. de Bretagne**, T. V. p. 576.

au dessoulz de celles de Monsieur le duc de Rochan, et plus hault qu'auchune aultre, estant en droit et possession de les avoir de la sorte en la grande vitre, dans les tumbes enlevées ou razes, dans le portique et porche, et dans le pignon souzain au dessoulz de la tour, prohibitivement à tous aultres, et dans plusieurs endroits de la dite Esglise. » (1).

Mais notre église n'est pas restée longtemps telle que l'avaient faite ses bâtisseurs primitifs. Elle a été, on l'a vu, considérablement remaniée et agrandie « pour le profit et utilité d'icelle », et ces embellissements, dus à la libéralité de plusieurs familles nobles de la région, leur avait aussi donné le droit d'avoir leurs armes dans l'église, à côté de celles des premiers prééminenciers.

Le grattage par les terroristes des écussons qui ornent les murs de l'église, les bénitiers, le socle des statues, ainsi que la destruction des armoiries qui constellaient la maîtresse-vitre, auraient à jamais enseveli dans l'oubli le nom des bienfaiteurs de Trémaouézan, si les archives de la trève n'avaient conservé quelques pièces qui permettent de suppléer, dans une certaine mesure, au silence des blasons.

____

(1) **Acte prônal** de 1676.

D'après une « déclaration des terres nobles et roturières de la trève de Trefmaouezan, paroisse de Ploudényel, fournie au Greffe de la Réformation des domaines à Lesneven par vénérable personne Mre Nicolas Edern, curé de la dite trève », le 16 Juin 1681, on constate qu'il y avait à ce moment à Trémaouézan huit lieux ou convenants nobles et cent-vingt lieux roturiers. Les lieux nobles étaient: l'Isle, le Cosquer, Coatrez, Menhir, Kermaria, Kergunic, Kerantraonvil et Kerudalar. Dans ces lieux nobles, l'Isle a une place à part, car, tandis que les terres des sept autres lieux sont roturières, celles de l'Isle sont nobles, sans doute parce que les seigneurs de ce nom étaient les seigneurs primitifs de la trève.

Sur les cent-vingt-huit lieux que comprenait Trémaouézan à l'époque de la Déclaration, vingt-huit étaient la propriété des familles nobles suivantes: de Penfeunteniou-Kermorvan, de Keruzou, de Kerjean, de Penancoët, La Pallue, Jean Le Baron, sieur de L'Estang, de Botteguiry et Nicolas Chauvel de Montrueil; la fabrique de Trémaouézan en possédait onze, sans compter de nombreuses parcelles de terre disséminées sur le territoire de la trève; la fabrique de Plounéventer, une, et celles de Plouédern, Ploudaniel, Plouider et

Saint-Houardon, chacune quelques morceaux de terrain çà et là. Les quatre-vingt-huit autres lieux ou convenants étaient le bien des roturiers de la trève.

Toutes ces terres dépendaient des fiefs et seigneuries ci-après: Rohan, Penmarc'h, Carman, Les Granges, Coatlestrémeur, Mézarnou, Kerouartz, Kerloëzrec, Kermadec, Quillimadec, Kerjean, Coatlez, Lec'h, Keraudy, Bot, Kerliguez et Goasmoal.

Les seigneurs *de l'Isle* avaient leur manoir à un km. au N.-O. du bourg, au lieu appelé autrefois *l'Isle-Noble*, aujourd'hui l'Isle-Berthou. Il ne reste actuellement de leur demeure que quelques pierres sculptées dont deux portent des fragments d'inscriptions en caractères gothiques. Ces pierres forment la corniche d'une maison bâtie au XVIIIe siècle sur l'emplacement de l'ancienne résidence des seigneurs.

Ces seigneurs qui s'intitulent de l'Isle, tout court, au début du XVIIe siècle, s'appellent, en 1662, de l'Isle-Kermorvan; en 1681, les archives ne connaissent plus que les Kermorvan-Penfeunteniou, et les Penfeunteniou-Keruzou, mais ces familles dans lesquelles s'étaient fondu les de l'Isle, n'habitaient pas le manoir de ce nom que nous trouvons possédé en 1681 par une famille Berthou.

La famille de l'Isle Kermorvan était alliée aux *Le Jar*, sieurs *du Cosquer*, dont le manoir se trouvait à environ trois cents mètres du village actuel du Cosquer et à deux km. au nord du bourg de Trémaouézan. Cette résidence a été abandonnée par ses propriétaires vers le commencement du XVIIIe siècle. Il n'en reste plus rien ; ses dernières pierres ont été utilisées, il y a quelques années, par les fermiers du voisinage.

L'Inventaire des titres de la fabrique relate un bail du 30 novembre 1580 entre noble homme Guillaume Dubois, sieur du Boisyvon, au nom et comme procurateur gérant pour d"e Françoise Kerounyant, dame douairière du Mennec, et noble homme Mire Jean Le Jar, sieur du Cosquer et Jean Abhervé, fabrique.

De ces familles, la seigneurie de Trémaouézan a dû passer aux sieurs *de Montigny*, qu'on nomme dans les comptes de la fabrique en 1662. « Reçu par testament de feu Mr de Montigny, par les mains de Mr de l'Isle de Kermorvan, trois livres », et des Montigny aux *Kerouartz*, car, dans des aveux de 1720 et de 1727, « Messire Sébastien Louis de Kerouartz, émancipé de justice sous l'autorité de Mlle Nicolas Huguen, prêtre, son curateur honoraire, se donne les titres de « seigneur de Montigny et de Trémaouézan. »

On a dit ailleurs ce dont Trémaouézan est redevables aux familles de *Penmarc'h* et de *Coëtivy*.

En 1676, leurs droits sont passés aux mains de Messire François du *Poulpry* par sa femme Anne-Gabrielle-Louise de Penmarc'h, propriétaire et dame des Chatellenies de Coatlestrémeur, etc...

Après ces insignes bienfaiteurs de Trémaouézan, la famille à laquelle les tréviens doivent le plus de reconnaissance, c'est la famille de *Carman*.

Une partie des droits des seigneurs de Carman dans notre église allèrent aux *Penancoët*, seigneurs de Quillimadec, d'après un « aveu fourni à Charlotte Escoubleau, dame marquise de Carman, à cause de sa seigneurie des Granges, à présent au seigneur de Quillimadec. » (1635).

Hervé de Penancoët, d'après une lettre récognitoire fournie par le marquis de Lescoat, en 1783, légua à l'église, par un contrat du 15 Novembre 1632, un champ à Menhir et huit sols annuellement à la Confrérie du Saint-Sacrement.

Les archives de Trémaouézan possèdent plusieurs aveux fournis par la fabrique aux Penancoët.

Ces seigneurs habitèrent d'abord *Coatrez*, manoir situé à 2 km. 1/2 au nord du bourg de Trémaouézan, mais, tôt après 1600, ils abandonnèrent le vieux manoir à leurs fermiers pour s'en aller demeurer un peu plus loin, au château de Quillimadec (1), en Ploudaniel.

Mais, pour avoir transporté leurs pénates hors des limites de la trève, les seigneurs de Penancoët n'avaient pas dit un éternel adieu à l'église où ils avaient leurs prééminences. Ils continuent à se regarder à Trémaouézan comme chez eux et y font baptiser leurs enfants.

Après l'exode des de l'Isle, Le Jar et Penancoët, Trémaouézan resta sans noblesse pendant une centaine d'années. Vers 1706, une famille alliée aux Penancoët, la famille de *Mesnoalet* vint s'installer dans une gentilhommière au lieu de *Kergunic*, village à un

______

(1) A 4 km. au nord de Trémaouézan. A 400 m. au nord des ruines du château, vaste motte féodale, décrite dans le **Bull. de la Soc. archéol. du Finistère,** 1916, p. 105.

km. au nord du bourg, et y vécut paisiblement jusqu'à la Révolution.

Cette famille se fondit en 1737 dans les *Thépault de Lambezre*, et en 1767 dans les *Cariou du Goasven.*

Lorsque la Révolution se mit à inquiéter les familles nobles de la région, les Cariou du Goasven s'en allèrent habiter Landerneau. L'un au moins de ses membres, un tout jeune homme, François-Maurice, y était encore en 1796, puisque le 8 Mai de cette année on le voit se rendre à Trémaouézan et y tenir sur les fonts baptismaux un enfant Le Dal, de Kergunic, et même au commencement de 1799 où il assiste à un mariage dans la trève, mais il dût être obligé de quitter le pays quelque temps après et son exil semble s'être prolongé pendant toute la durée de l'Empire, car il ne rentre au manoir de ses aïeux qu'en 1815. On le trouve alors marié à une demoiselle Thomas, dont il eut quatre enfants, de 1815 à 1820, après quoi il quitte Trémaouézan pour ne plus y revenir.

Ces Mesnoalet, ainsi que les Lambezre et les Cariou paraissent avoir été de bien braves gens, estimés et aimés de leurs humble entourage de paysans. Parmi ceux-ci, on se dispute l'honneur d'avoir un des membres de la famille seigneuriale comme parrain ou marraine des enfants, et ceux qui obtiennent cette faveur sont nombreux. Les seigneurs eux-mêmes font assez volontiers tenir leurs enfants sur les fonts baptismaux par des prêtres ou par les personnes les plus notables de la trève.

Nous n'avons que de trop maigres renseignements sur les autres familles nobles de Trémaouézan pour qu'ils nous soit permis de formuler un jugement touchant leurs rapports avec les roturiers de la trève. Consignons donc, sans commentaire, le fait suivant :

En 1686, le seigneur de Penancoët met la chapelle de son château de Quillimadec à la disposition de l'un de ses fermiers, Etienne Le Guen, qui y fut marié, en présence des châtelains et d'une nombreuse assistance de prêtres, par le recteur de Kernouès.

Les Seigneurs de Mézarnou (1)

Ces seigneurs avaient hérité d'une partie des droits des Carman dans l'église de Trémaouézan, ainsi qu'il appert d'un acte de 1698 par lequel les fabriciens de la trève sont « signifiés de la part de la marquise de

______

(1) Château à l'entrée du bourg de Plounéventer, au sud-ouest.

Coatanscour, à cause de la juridiction de Maillé (les derniers Carman s'appelaient Maillé), pour se voir condamner à fournir aveu pour des héritages à Mestirgac, en Trémaouézan. »

Dé plus, la fabrique de Trémaouézan possédait des biens qui relevaient directement du fief de Mézarnou et, à ce titre, elle était tenue, le cas advenant, de s'acquitter des droits seigneuriaux, selon la coutume.

En 1538, Mre Morice de Parcevaux, seigneur de Mézarnou, représente une demoiselle de Keraoul et le sieur de Keraudy, son fils, à un contrat d'échange entre ces derniers et la fabrique de Trémaouézan, « en vertu duquel acte la dite fabrice est tenue de faire célébrer deux services. »

Un aveu est fourni en 1673 à « haute et puissante Françoise de Parcevaux, marquise douairière de Kerjean, dame propriétaire de Mézarnou, Keraudy, La Pallue, Kergréguen, etc. »

En 1688, la terre de Mézarnou fut saisie sur le marquis de Coatanscour, comme le constate un *factum* de 1740 qui débute comme suit : « Par exploit du 7 Décembre 1738, le sieur Pélardi se disant caution des fermiers judiciaires de la terre de Mézarnou ci-devant saizie sur M^r le Marquis de Coatanscour pour le recouvrement des restaux de fiefs et casuel de la d^{te} Seig^{rie} de Mézarnou, fit assigner la fabrice de Trémaouézan en la juridiction de Landerneau, 1° pour communiquer tous les titres de propriété, d'acquets, de donations, fondations, legs pieux et tous autres titres concernant les héritages possédés par la d. fabrice sous le fief de Mézarnou... 2° pour avoir le paiement du droit d'indemnité des d. héritages; 3° pour avoir aussi paiement des rachats échus par la mort des hommes lays et des chefsrentes et rentes censives depuis le temps non prescrit. »

La terre de Mézarnou fut vendue, en 1720, à Mre Mathieu de Pinsonneau, chevalier seigneur de Pensy, Couriegis, Chamannille, Courillon, Vierval, Mézarnou, la Grande Pallue, Penhoat, Keraudy, Kergréguen (1), châtelain de Kergournadeác'h, maréchal héréditaire du Léonnais, conseiller du Roy en tous ses conseils et maître ordinaire de la chambre des comptes à Paris.

En 1791, Joseph-Louis Bidé de la Grandville, chevalier, seigneur, marquis de la Grandville, brigadier des armées du roi, chevalier

____

(1) Ancien manoir en Plounéventer.

de l'ordre royal et militaire de Saint-Louis, seigneur de Norville, de Kergournadec'h, Mézarnou, etc., etc., fils et seul héritier de dame Pétronille-Françoise de Pinsonneau, dame de la Grandville, reconnaît devoir annuellement à la fabrique de Trémaouézan une rente foncière de six sols sur une garenne nommée Douar-ar-Broc'het, au terroir de Coatrez. (Lettre récognitoire du 25 Juillet 1791).

Après la Révolution, les héritages que Mézarnou possédait en Trémaouézan sont, partie entre les mains du comte de Hautefort et de la comtesse de Maillé, partie en la possession de M. de Parcevaux, demeurant à Saint-Pol. (Etat des sections des propriétés non bâties et bâties de Trémaouézan.)

Mézarnou, quoique toujours imposant, par sa masse qui domine au loin le pays de Plounéventer, n'est plus le beau et riche château qui tenta, pendant les guerres de religion, la cupidité de du Liscoët et de la Fontenelle. On sait que le premier y opéra un fructueux pillage en 1594, n'y laissant, dit le chanoine Moreau, que ce qui était trop chaud ou trop pesant, ce qui n'empêcha pas le second d'y faire l'année suivante un butin qui n'était pas à dédaigner, sans compter qu'en enlevant la jeune héritière du manoir, il s'assurait du même coup de neuf à dix mille francs de rentes (1).

On n'aurait pas rappelé ces faits qui sont bien connus, si les brigands sus-nommés, en même temps qu'ils opéraient à Plounéventer, n'avaient également, en passant, détroussé les gens de Trémaouézan. Nous ne saurions dire si les trois manoirs de la trève ont été saccagés par eux comme celui de Mézarnou; ce que l'on constate, c'est que, quelques années après la fin des guerres de religion, ils sont vides de leurs nobles occupants. Ce fait assez extraordinaire permet de supposer que nos manoirs ont été gravement endommagés pendant les troubles de la Ligue et que leurs propriétaires, plutôt que de s'engager dans les gros frais d'une restauration, auront préféré les aménager plus modestement pour leurs fermiers.

Une chose certaine, c'est que de plus humbles demeures, les maisons de nos campagnards situées dans le voisinage de Mézarnou, ont reçu les visites des brigands de la Ligue. Pour couper au plus court et effrayer les manants, ils lançaient leurs chevaux à travers les terres ensemencées et pillaient ensuite à

____

(1) Chan. Moreau. **Hist. de la Ligue,** Edit. 1857, p. 273.

leur aise les habitations que la terreur de
leur approche avait laissées sans défense. Ce
souvenir est resté vivant dans la mémoire de
nos paysans et, si leurs ancêtres au début de
la Ligue, étaient aussi bien dans leurs affaires que les Cornouaillais, (1) qui furent
dépouillés par un autre illustre pillard, le
comte de la Magnanne, dont nous avons déjà
eu occasion de parler, il ne faut pas s'étonner qu'ils aient été, eux aussi, mis à rançon, à
l'instar de leurs voisins nobles des châteaux.

Les Seigneurs du Lec'h (2)

Quelques terres de la fabrique de Trémaouézan dépendaient du fief du Lec'h.

En 1752, « Jonathas de Kergariou, chevalier seigneur comte de Kergrist, Trésiguidy (3), demeurant en son château de Ker-
grès, paroisse de Ploubezre, Evêché de Tréguier, héritier de d^{elle} Marie Jeanne Françoise

---

(1) Il y avait peu de familles où il n'y eût force
hanaps d'argent ; cela veut dire des tasses qui étaient
grandes et larges, dont plusieurs étaient dorées ; il
y en avait de 3 à 4 marcs. (Chan. Moreau, **loc. cit.**,
p. 166). — Cf. Guiraud, **Hist. part., hist. vraie.** T. II,
Chap. XI. « Prospérité des campagnes au XVe et au
XVIe siècles. »

(2) Ancien manoir, à 2 km. au nord de Landi-
v

(3) Château ruiné en Pleyben.

Elisabeth de Kermoisan, dame de Trésiguidy du Lech, arrière-fief de la juridiction de la Principauté de Léon à Landerneau », plaide « contre le corps politique de Trémaouézan, disant que si l'infidélité des vassaux à l'égard de leurs seigneur est condamnable, elle l'est encore plus de la part de ceux qui sont chargés des biens et revenus de l'Eglise... » Nous ne connaissons pas l'issue du procès.

Les Ducs de Rohan

Les archives de Trémaouézan gardent quelques aveux fournis par la fabrique à la seigneurie de Landerneau, qui appartenait aux ducs de Rohan.

Dans un acte de 1700, on rend aveu à « Très Haut et très puissant seigneur Monseigneur Louis de Rohan Chabot, duc de Rohan et pair de France, prince de Léon, comte de Porhouet, marquis de Blain et de Wardes, Morret, La Bosse, Josselin, Pontivy, Loudéac, La Chaize, La Trinité Gouarec et autres lieux. »

En 1741, Haut et puissant Mgr Louis Marie Bretagne Dominique de Rohan demande à ce que la fabrice de Trémaouézan soit condamnée à fournir aveu, minu et spécifique déclaration des maisons, terres et héritages, rentes foncières qu'elle possède sous le proche fief de la principauté de Léon, et de nommer homme laye, vivant, mourant et confisquant sur les dits héritages, aux lieu et place de François Leuréou, qui est mort civilement, payer son rachat et charges féodales qui peuvent être dues sur iceux, ainsi que les lods et ventes et autres droits seigneuriaux, ou faire voir les avoir acquittés par bonnes et valables décharges, et en général satisfaire à tous autres droits et devoirs seigneuriaux que vassal doit à son seigneur proche et lige, suivant la coutume (1).

____

(1) Les seigneurs de fiefs, de même que le pouvoir royal, pour son domaine, percevaient, sur les biens que les particuliers possédaient **sous eux,** des droits équivalents aux droits de mutations actuels ; mais si ces biens étaient donnés à l'église, c'était une collectivité en quelque sorte immortelle qui les possédait, et, dès lors, le sgr de fief ou le Roi ne pouvaient percevoir les droits par suite de décès.

C'est pour obvier à cet inconvénient que les fabriques ou communautés possesseurs de ces biens devaient fournir au seigneur un homme lai, **vivant, mourant, confisquant,** c'est-à-dire un homme laïc représentant la communauté, répondant des droits de mutation entre vifs et **mourant** pour elle, si bien qu'à sa mort, la collectivité ecclésiastique payait les droits de mutation comme si elle mourait elle-même.

Naturellement elle devait choisir **son homme,** sain, vigoureux et jeune, mais âgé d'au moins 25 ans. (Note fournie par M. le chanoine Peyron).

*
* *

Nous donnons ici, d'après Pol de Courcy, de Kerdanet, Guy Le Borgne et Jourdan de la Passardière, les armes des seigneurs dont les noms reviennent le plus souvent dans les pièces de nos archives. Quelques-uns de ces seigneurs ont habité Trémaouézan; d'autres sans y demeurer, avaient des droits dans notre église, et on y voyait leurs armes:

ROHAN (vicomte puis duc de Rohan ; vicomte puis prince de Léon): *de gueules à neuf macles d'or, 3. 3. 3. alias, à la bande d'argent brochant ; alias, au lion à la bordure nébulée.* Devise: *A plus* ou *Plaisance ;* alias: *Roi ne puis, duc ne daigne, Rohan suis.*

CARIOU, Sr de Gouasven, paroisse de Ploumiliau: *d'azur à trois molettes d'or.* Devise: *Urgent stimuli.*

CARMAN, KERMAN, KERMAVAN ou *KERMAGUAM,* S^r dudit lieu, paroisse de Kernilis, et des Granges, paroisse de Plouédern, etc.: *d'or au lion d'azur:* alias, *écartelé aux 1 et 4 : d'azur à la tour d'argent portée sur une roue de même, qui est Lesquélen ; aux 2 et 3 : de Carman.* Devise: *Doue araog* (Dieu avant), et: *richesse de Carman.*

Fondu au XVIe siècle, dans Ploësquellec: *chevronné de six pièces d'argent et de gueules;* alias: *d'argent à trois chevrons de gueules et un lambel d'azur.*

Ce sont ces dernières armes que l'on voit dans notre église.

COETTREZ, S^r dudit lieu, en Trémaouézan: *d'or à deux fasces de sable.* Fondu dans Penancoët.

COETIVY, S^r dudit lieu, paroisse de Plouvien: *fascé d'or et de sable de six pièces.* Devise: *Bepret* (toujours).

Le vieux château de Coëtivy était dans l'ancienne trève du Bourg-Blanc, tirant sur Coatméal.

JAR (Le) ou Chef du Bois Le Jar (1), Sr du Penhoat ou Chef du Bois, en Plouédern, du Cosquer, en Trémaouézan, etc.: *d'argent à la poule essorée de sable, crétée et barbelée de gueules, becquée et membrée d'or.*

KERMORVAN, S^r dudit lieu, paroisse de Trébabū: *d'argent à la croix ancrée et alézée d'azur.* Devise: *Servir Dieu est régner.*

La branche aînée fondue dans Penfeuntniou.

______

(1) En breton, Penhoat-ar-Yar. Ce nom est resté à l'ancien manoir des Le Jar, en Plouédern.

KEROUARTZ, S^r dudit lieu, paroisse de Lannilis, de Trémacuézan, de Penvern et de Locmélar, paroisse de Plounéventer, etc. : *d'argent à la roue de sable, accompagnée de trois croisettes de même.* Devise : *Tout en l'honneur de Dieu.*

LAMBEZRE, S^r dudit lieu, paroisse de Pleugar : *de gueules à six besants d'or, 3, 3., et un annelet d'argent au premier canton, alias, en abyme.*

MESNOALET, S^r dud. lieu, par. de Guiler : *d'azur à l'aigle éployée d'or ; alias : tiercé en fasce ou fascé de trois pièces, chargé d'une bande.* La branche aînée fondue dans Penfeunteuniou.

MONTIGNY, Sr de Beauregard, par. de Plouédern, etc. : *d'argent au lion de gueules, chargé sur l'épaule d'une étoile d'or et accompagné de huit coquilles d'azur en orle, 3. 3. 2 et 1.*

PENANCOET, S^r dud. lieu, par. de Saint-Renan, de Quillimadec et de Kerbaronnou, par. de Ploudaniel, etc. : *Fascé de six pièces d'argent et azur ; alias : à la bordure chargée de six annelets en orle.* Devise : *a bep pen lealdet* (Loyauté partout) ; et aussi : *En diavez* (à découvert.)

PENFEUNTEUNIOU, S^r dud. lieu, par. de Sibiril, du Cosquer, de l'Isle, en Trémaouézan, etc.: *burelé de dix pièces de gueules et d'argent.* Devise: *Plura quam opto.* (Plus que je ne souhaite).

PENMARC'H, baron dud. lieu, par. de Saint-Frégant, Sr de Coëtlestremeur, par. de Plounéventer, etc.: *écartelé aux 1 et 4 : de gueules à la tête de cheval d'argent,* qui est Penmarc'h; *aux 2 et 3 : d'or à trois colombes d'azur,* qui est du Colombier; alias: *d'or à la fasce d'azur, accompagnée de six pigeons de même. 3. 3.* Devise: Prest vé (il serait à propos), ou *Beprest,* (en tout temps).

POULPRY, S^r dud. lieu, de Trébodennic et de Mesven, par. de Ploudaniel, etc.: *d'argent au rencontre de cerf de gueules.*

QUILLIMADEC, S^r dud. lieu, par. de Ploudaniel: *d'argent au chef endenché de gueules.* Devise: *Heb rémed* (sans remission).

SANZAY, S^r dud. lieu, comte de la Maignane, en Anjou: *d'or à trois bandes d'azur, à la bordure de gueules,* qui est Poitou; *à l'écusson en abyme échiqueté d'or et de gueules,* qui est Sanzay. Devise: *Sanzay sans ayde.*

TROMELIN, S^r dud. lieu, par. de Kerlouan, du Bourouguel, en Plouigneau, etc.: *d'argent*

à deux fasces de sable. La branche du Bourouguel fondue dans Penmarc'h en 1563.

IX.

Corps politique et Marguilliers

A côté du patron, il y avait dans chaque
paroisse une assemblée délibérante qu'on
appelait le général ou le corps politique. Les
généraux de paroisse, au début du XVIIe siècle, comprenaient essentiellement dix-sept
membres: le sénéchal et le procureur du roi
ou le procureur fiscal de la Seigneurie dont
relevait la paroisse, le recteur ou le curé,
douze membres choisis parmi les anciens trésoriers dont les comptes avaient été rendus et
soldés, et deux trésoriers en exercice. Les
trois premiers étaient membres de droit, les
douze membres nommés « délibérants » »
étaient élus, chaque année par la généralité des
paroissiens, ainsi que les deux derniers appe-
lés trésoriers en charge, trésoriers de la fabrique ou marguilliers (1).

Les deux trésoriers de la fabrique avaient
la gestion des deniers de l'église et rendaient,

(1) La Borderie, **Hist. de Bretagne**, T. V, p. 576
et seq.

à la fin de leur mandat, leurs comptes, tant
en charge qu'en décharge, c'est-à-dire, en
recettes et en dépenses.

A Trémaouézan, du moins d'après nos plus
anciens cahiers, ils étaient élus pour deux
ans. Leurs comptes étaient l'objet d'un minu-
tieux contrôle. Ils étaient « lus publique-
ment au prôsne de la grande messe, devant
tous les habitants de la dicte trefve », exami-
nés par le curé, les autres prêtres, et une
commission nommée par les tréviens, commission qui comprenait, dans les cas contes-
tés, les seigneurs de l'endroit. Ces comptes
étaient ensuite présentés au recteur, qui les
examinaient à son tour, après quoi ils étaient
soumis à l'approbation des commissaires de
la visite épiscopale, pour enfin revenir à la
trève, revêtus de la signature d'un de ces commissaires, habituellement un grand vicaire,
ou de celle de l'évêque.

L'approbation de Monseigneur n'allait pas
toujours sans observation. Un jour — à l'une
de ces époques où la trève n'avait pas son
contingent réglementaire de prêtres, — un
nouveau vicaire, M. Pouliquen, arrive. Dans
la joie qu'on en a, on organise en son honneur
une petite réjouissance où neuf livres furent
dépensées. On avait compté sans l'évêque.

Quand à son tour il arriva et parcourut le cahier des trésoriers à la colonne des dépenses, la mention de la fête et son coût ne lui échappa pas. Il approuva néanmoins le compte, mais sous la réserve expresse que « les comptables justifieront que la dépense de neuf livres dans la décharge, sous le titre d'introduction du sieur Pouliquen, est une dépense utile ou nécessaire à l'église. » (Compte de 1745).

Le chapitre des recettes n'était pas toujours aussi rempli que l'auraient voulu ces braves trésoriers. Aussi l'un d'entre eux, à la fin d'un cahier où il est resté beaucoup de pages blanches, note-t-il mélancoliquement :

Hic nil, mi crede, deest,

Sed locus amplius adest !

Ici, croyez-le bien, rien n'a été omis ; que de place pourtant il reste encore !

X.

Extraits de Comptes

1644. Alain Cap, célèbre peintre-verrier, de Lesneven, est chargé de la décoration funèbre de l'église de Trémaouézan, à l'occasion du service solennel célébré pour le roi Louis XIII. « Donné à Monsieur Alain Cap, peintre, pour esthoffer la lisière du roy à lantour de lesglise, la somme de dix sept livres. »

1647. « Payé à un marchant dit Point du jour, pour trois pièces de bougrains et une autre pièce de bougrains prise chez le dit Point du jour, à Landerneau, six livres. »

1666. « Le seizième jour d'avril délivré vingt soulz à Jean Le Roux de Landerneau pour harder les deux petits pott (garçons) qui sont à servir la messe. »

1676. « Payé trente six livres à honorable et discret messire dom Jean Martin p^bre pour parpayer la Pensée et ses compagnons pour tout le travail qu'ils ont fait en l'église de Tremaouezan. »

La Pensée était le sobriquet du maître-maçon Claude Texier, de Landerneau, qui construisit la sacristie actuelle de Trémaouëzan, en 1676.

1698. « Comme on avait proposé de faire un locus, c'est-à-dire un létrin ou pulpitre avec des bancs et des chaises à lantour et qu'on avait mandé plusieurs menuisiers pour scavoir qui eust fait à meilleur marché, les rendants comptes leur ont payé la collation. 4 livres. »

1704. « Reçu de Renée Bourhis, de Landerneau, trois nappes d'autel et un corporal, dont une nappe est de lin et garnie de dentelles et le corporal garni aussi de dentelles, et de Françoise Le Berre, de Landerneau, une image de la Vierge faite de papier collé bien peint, et une médaille brodée d'argent dans laquelle il y a plusieurs reliques des saints que le sieur Ollivier, fils de lad. Le Berre a envoyé de Rome. »

1717. « Pour des fleurs façonnées à mettre sur le grand autel, payé 1 l. 10 s. »

Ces fleurs, sculptées en plein cœur de chêne et revêtues de couleurs appropriées existent toujours. Il y en a dix.

XI.

Actes prônaux
Concernant les Marguilliers
et le Corps Politique

Tenir leurs comptes en règle et les soumettre à l'approbation de l'évêque ou de son délégué n'était pas toute la besogne des marguilliers. Ce sont encore eux, généralement, qui représentent la fabrique dans ses procès, et Dieu sait combien de fois, pour une seule affaire, ces pauvres gens sont cités à comparaître soit devant la Cour de Landerneau, soit devant celle de Lesneven. C'est eux encore que l'on trouve à côté des notaires, quant ceux-ci descendent dans la trève pour dresser les testaments où il y a des legs en faveur de l'église, eux qui accompagnent les prêtres qui vont sur certaines routes offrir les reliques à la vénération des pèlerins du Folgoët ou de Lochrist, eux enfin qui font, deux fois par an, le voyage de Saint-Pol pour payer les décimes de l'église, et qui parcourent le diocèse pour chercher des prêtres, quand la trève en manque.

Etre marguillier à Trémaouézan n'était donc pas, comme on le voit, une sinécure, et il ne faut pas s'étonner si, à certaines époques où les circonstances leur ont causé un surcroît de dérangement, nos braves campagnards ont trouvé leur charge un peu lourde.

Voici un procès-verbal d'installation de marguillier, où perce un peu de mécontement.

« Ce dimanche second jour de Janvier 1684, avant midy, au prosne de la grande messe dite et célébrée en l'église tréviale de Trémaouezan par Mre Yves Gourmelon, prêtre, où assistaient Yves Berthou... et plusieurs autres faisant la plus saine et maire (majeure) voix et représentant le corps politique de la dite trève de Trémaouézan; de la part de Yves Tro-

niou, fabrique esté l'an dernier de la d. église
de Trémaouézan, jointement avec Joseph Le
Faou, aussi fabrique, a été rémonstré que ce
jour en quinze l'on aurait nommé pour nouveaux fabriques en leur lieu et place Hervé
Guillou et Yves Le Men aussi habitants de lad.
trève pour gérer lad. charge... C'est pourquoi,
ils somment les dits nouveaux nommés d'accepter lad. charge et le général de lad. trève
de consentir à leur nomination, offrant de
leur délivrer présentement les clefs et ornements de lad. église et de tenir compte de leur
gestion.

En l'endroit, les dits Guillou et Men présents, après que led. Gourmelon prêtre célébrant les a fait s'agenouiller devant le grand
autel où repose le saint sacrement et leur a
présenté le livre de l'évangile, ils l'ont tou-
ché, juré et promis s'acquitter au deub de
leur charge, du consentement desd. tréviens,
présents, de quoi a été requis acte par lesd.
Troniou et Faou, au soubsignant notaire de
la cour royalle de Lesneven, à cette fin con-
descendu exprès aud. prosne, qui leur a été
rapporté et délivré, valoir et servir comme il
appartiendra, sous les seignes (signatures)
des sousbsignants et dud. sieur Edern pour le
Parsus desd. tréviens en général, pour obvier

à la multiplicité des signes o (avec) le soubsignant.

Et en l'endroit se sont présentés Jean l'Héliez et Alain Le Roux, cy devant esté fabriques
de lad. église, lesquels ont déclaré ne vouloir
de leur cheff particulier consentir à la nomination dud. Guillou, attendu qu'il a esté une
autre fois en lad. charge de fabricque, pour
obvier qu'ils ne soient aussy, par cy après,
nommés pour une seconde fois dans la même
charge et a led. Roux signé. »

En 1740, ce ne sont plus seulement les trésoriers de la fabrique, c'est le corps politique
tout entier qui manifeste son peu de goût pour
les affaires:

« Les soussignants étant assemblés ce jour
huitième Décembre mil sept cent quarante
jour de la Conception de Notre Dame après la
grande messe en la sacristie de l'église de
Notre-Dame de Trémaouézan, en la paroisse
de Ploudaniel, ont déclaré qu'étant dans le
corps politique depuis beaucoup plus de
temps que les arrêts de règlement n'exigent,
se désister à l'avenir des affaires concernant
lad. trève, n'étant pas juste qu'un seul sou-
tienne toujours le poids des affaires pendant
que plusieurs autres particuliers non moins
propres qu'eux se plaisent dans l'inaction et

l'indolence, quoy que non moins obligés que les remontrants qui par cette raison se voyent dans l'obligation de les nommer... et prient Monsieur le Curé de les publier et nommer au prosne de la grande messe pour qu'ils ne puissent prendre aucune cause d'ignorance, en les avertissant de venir dimanche prochain pour acquiescer à la précédente nomination que l'on fait de leurs personnes pour entrer dans le nombre du corps politique, ou en tout cas y déduire leurs légitimes motifs d'excuse, faute de quoy lesd. remontrants répètent d'abondance leur déclaration d'abandonner le tout au risque, péril et fortune, ou de se pourvoir autrement pour les obliger, s'ils persistent dans leur refus... »

Les malheureux généraux oubliés en charge en furent pour leurs frais de remontrance et n'obtinrent leur libération que lorsque la cour de Landerneau, informée de la situation, eut mis les récalcitrants en demeure, sous peine de sanction immédiate, d'accepter, à leur tour, la charge de délibérants.

De nos jours, que de braves municipaux seraient ravis d'être oubliés en charge!

XII.

Confréries

Il y avait autrefois, à Trémaouézan, sept confréries: les confréries de Notre-Dame de la Merçi et de Saint-Jean-Baptiste qui paraissent très anciennes dans la trève, celle du Saint-Sacrement, mentionnée en 1623, et celles du Rosaire, de Saint-Anne, de Saint-Herbot et de Saint-Goulven.

Il ne semble pas qu'il y ait eu, dans la trève, avant la Révolution, une confrérie des trépassés distincte de celle de Ploudaniel, ce qui ne paraîtra pas extraordinaire, si l'on songe que presque tous les habitants de Trémaouézan étaient inscrits dans la plupart des confréries ci-dessus énumérées, et que ces confréries faisaient souvent faire des prières et chanter des services funèbres pour leurs membres et bienfaiteurs défunts. C'est en partie dans ce but qu'elles recevaient des legs. Les libéralités à elles faites étaient reçues par un marguillier spécialement chargé de la gestion de leur temporel et qui est appelé tantôt procureur, tantôt abbé et quelquefois gouverneur de la confrérie. « Recu de Goulven Troadec et de Michel Guéguen abbés esté de Mʳ Saint Goulven, 2 sols. »

Ces confréries ne paraissent pas avoir été toujours très florissantes: un testament de 1733 n'en nomme que quatre: Vincent Mazé « lègue quatre sols à chacune des confréries érigées dans l'église de Notre-Dame de Trémaouézan: Sainte-Anne, Saint-Herbot, Saint-Sacrement et Notre-Dame de la Merci. » Pour un autre, de 1717, il n'en existe que trois: Saint-Sacrement, N.-D. de la Merci et Sainte-Anne.

Les comptes nous ont conservé quelques détails sur la fondation de la Confrérie du Rosaire. Ils nous montrent les fabriciens de l'année 1664 se rendant à Landerneau « prier le père lecteur (des Capucins) de leur écrire une lettre pour supplier le grand vicaire de leur donner la permission d'avoir le rosaire. » Tôt après, ils y retournent avec le consentement du recteur », à penser faire le contrat pour le Saint Rosaire », et pour que la conférie puisse fonctionner tout de suite, de généreux tréviens les accompagnent « avec l'intention de léguer chacun de leurs héritages au Saint Rosaire ». Le dimanche qui suivit leur retour, ces personnes ainsi que les prêtres de Trémaouézan font leur pieux legs à la confrérie naissante, par devant deux notaires royaux, Cabon et Laigle, « qui étaient venus exprès à Trémaouézan pour faire le contrat de fondation. »

Voici un extrait de ce contrat :

« Nous soubzignans, notaires héréditaires Jurés et Receus en la Cour royale de Lesneven certifions qu'à la requeste d'honorables gentz Jan Le Magadou, Sébastien Bourc'his fabricques et marguilliers de l'esglise treffvialle de Nostre Dame de Treffmaouezan en la paroisse de Ploudaniel, nous nous serions exprès transportés de nos tabliers et demeurances ordinaires que nous faisons en la ville de Landerneau jusques en lad. esglise de Treffmaouezan ce dimanche unzième jour de Janvier mil six cens soixante et cinq, ou estant rendus aurait esté remonstré au prosne de la grande messe dicte et célébrée en lad. esglise par vénérable M{ire} Alain Le Guen, par autre vénérable et discrette personne Mre Yves Kermarec, curé d'icelle, que l'intention des d. tréviens estant de longue main de faire ériger dans lad. esglise la confrérie du sainct Rosaire, à raison de la grande dévotion et piété qu'ils ont à la Sainte Vierge Marie et à lad. confrérie, iceux tréviens auraient conféré leur d. dessain à Monsieur le grand vicquaire pénitencier de Léon et à Monsieur le Recteur de lad. paroisse, lesquels auraient

donné leur consentement tant verballe que lit-
téralle, moyennant que lesd. trefviens eussent
faict un fond solvable et pertinant du moins
de la somme de trante six livres de rente et
en fond d'héritage pour l'entretien de lad.
confrérie.

Tellement que pour parvenir au d. dessain,
led. sieur Curé a fait semonce aux trefviens
congrégés et assemblés pour ouir le divin
service et délibérer de leurs affaires politi-
ques, de donner leurs advis en continuant
leur louable dessain.

Sur quoy lesd. Tresviens deliberant, entre
autres Lorant et Yvon Berthou, Hervé Rolland, Jan Mazé, Yvon Le Bihan, Yvon Chopin, François Bourc'his, Hervé Maçon, Guillaume Filly, Michel Guéguen, Jan Salaün et
plusieurs autres faisant le corps politique
de la d. trèfve ont unanimement dict persis-
ter en leur dessain et ont prié led. sieur Curé
et fabricques de s'adresser à mon d. sieur le
grand Vicquaire pour avoir permission d'é-
rection de la d. confrérie du saint Rosaire
dans la dicte esglise, et par l'offre qu'ils font
de faire fond de trante six livres de rente à
leurs propres frais pour desservir la d. confrérie, d'orner un autel, à la d. fin, de vêtements et ornements neufs, et pour pourvoir

à la d. dotation et arrentement, le d. sieur
Curé a déclaré donner à la d. future confrérie du Rosaire soixante sols de rente l'an
pour estre participant aux prières et suffrages qui se célébreront en icelle, sur le gaige
et hypothèque spéciale, des héritages lui
appartenant au terrouer de Kerileoc, paroisse
de Plouédern, tenus en fermé par Yves Ker-
dellen, relevant du fief des Granges, pour toucher la levée d'icelle rente à la Saint Michel
prochaine.

M^{ires} Jan Compès et Geffroy Moalic p^{bres} de
la d. trefve ont pareillement légué, sçavoir le
dit Compès la somme de six livres de rente
dessus la maison où il demeure et héritages
en dependants, édifices et superfices situés au
terrouer de Kersioc'h dite trève pour jouir
de la levée à la Saint Michel prochaine, relevant du fief de Landerneau.

Et led. Moalic pareille somme de six livres
de rente, sçavoir quatre présentement et quarante sols après son décès, dessus ses héritages au terrouer de Kergongar en lad. trefve,
du fief de Landerneau, à condition d'avoir
chacun un service aux jours qu'il sera
exprimé par l'acte d'erection de la d. confrérie.

Le d. Jan Le Magadou et Marie Lorantz sa femme d'il authorizée ont legué à la d. confrérie neuf livres de rente dessus les héritages par eux acquis d'avec Yvonne Diverès, veuffve Yves Lorléach, situés au terrouer de Penfrat au d. Ploudaniel, du fief de Landerneau et de celui de Mézarnou, à la condition d'avoir deux offices aux jours qui seront désignés par le d. acte d'érection, la d. rente payable sçavoir trois livres à la Saint Michel prochaine, et le parsus après leurs décès.

Le d. Yves Chopin a legué à la d. confrérie six livres de rente, sçavoir trois livres payables à la Saint Michel prochaine et autres trois livres après son décès, au jour qui sera désigné par l'acte d'érection, auquel payement il offre de gage et hypothèque le lieu et convenant où il demeure au terrouer de Kerudalar dite trefve, relevant du fief de Kermadec.

Guillaume Fily a légué à la d. confrérie cinquante sols de rente sur ses héritages au terrouer de Kergabel au d. Treffmaouezan.

Hervé Joseph lègue trente sols de rente au terroir de Hellez.

Marie Queinec, veuffve Thomas Chopin, lègue quarante sols sur ses héritages à Kergreac'h, dite trève.

Hervé Rolland et Marguerite Henry sa femme lèguent trente sols de rente sur Kerfelgar en la d. paroisse

Desquelles rentes les susnommés promettent faire jouir paisiblement et sans troubles la d. confrérie en se desaizissant des d. héritages chacun pour son regard au profit et utilité d'icelle... »

Le tableau placé au-dessus de la porte de communication de l'église avec la sacristie, et qui représente la Sainte Vierge donnant le Rosaire à Saint Dominique et à Sainte Catherine de Sienne, doit être de cette époque.

XIII.

Prédicateurs

Chaque année, autrefois, l'Avent et le Carême étaient prêchés à Trémaouézan. On appelait, le plus souvent, pour donner ces stations, un Capucin de Landerneau ou un Récollet de Lesneven; parfois aussi on avait recours à la bonne volonté des recteurs et vicaires du voisinage. Le curé de Trémaouézan était également appelé, de temps en temps, à rendre le même service aux paroisses avoisinantes, et dans ce cas — ainsi le spécifient les actes prônaux relatifs à l'installation des curés de la trève — il devait « mettre un autre prêtre à sa place pour dire la messe tous les dimanches et fêtes » où il serait absent.

Les comptes mentionnent, tous les ans, les émoluments que recevait le stationnaire On payait le prédicateur de l'Avent et du Carême, « à raison de vingt et un sols par sermon, suivant l'usage ». Certaines années, le prédicateur donnait jusqu'à dix-huit instructions et alors il recevait 18 l. 18 sols. On lui servait en outre, à chacun de ses voyages, une collation dont on donne également le menu : « Le premier Dimanche du Carême 1673, Payé en collation à Mr le prédicateur, en pain pour un sol, de la morue pour deux sols, et deux sols et six deniers de beurre. »

En 1745, le vicaire général de Léon, Le Borgne de Kermorvan, en visite dans la trève pendant la vacance du siège épiscopal, décide qu'on ne donnera plus rien à l'avenir au prédicateur (de Trémaouézan), à moins qu'il n'y ait une fondation ad hoc à Ploudaniel ». Le recteur dut sans doute réclamer, et obtenir gain de cause, car les années suivantes, on trouve les honoraires du prédicateur portés au compte, comme par le passé.

En 1810, les prédications d'Avents et de Carêmes interrompues par la Révolution, reprirent, suivant le décret impérial du 30 Décembre 1809, qui fixa les émoluments du prédicateur à trente francs pour les deux stations.

Quelques noms de religieux prédicateurs relevés dans les comptes:

1714. R. P. Jacques, capucin.

1725. Fr. René François de Pontaven, gardien des capucins.

1727. — R. P. Martin. — La station est payée « au sieur Logé, père spirituel des capucins de Landerneau. »

1752. — Le P. Locronan, capucin. — Station payée au P. Raymond, vicaire des capucins de Landerneau.

1759 — R. P. Paul, capucin.

1761. — P. Maximin Copin.

Chapitre VII

Quelques Testaments

Le culte, autrefois comme aujourd'hui, était entretenu par les fidèles qui s'acquittaient de leur pieux devoir par des offrandes en nature ou en argent. Quand venait l'heure de la mort, on appelait le notaire, et il est rare que dans les actes de dernière volonté les fabriques soient oubliées, du moins jusqu'à l'époque (1749) ou un édit prohiba toute disposition testamentaire en faveur de l'église (1).

C'est — suivant une formule que l'on retrouve souvent dans les testaments et contrats de donation — désirant augmentation en l'église et à l'office divin et en la foi catholique, apostolique et romaine, et pour aider à l'entretenement d'icelle et des ornements », que l'on donne de son bien aux établissements du culte.

---

(1) Cf. de La Gorce, **Hist. Relig. de la Révolution Française**, T. I, p. 134.

En retour, on demande des prières : on donne à la condition par les bénéficiaires du legs « d'inscrire les noms des donateurs sur le catalogue des bienfaiteurs de l'église, de les rendre participants aux prières publiques, aux suffrages et aux sacrifices qui se font à perpétuité dans l'église, de faire célébrer des messes à haute et à basse voix, de faire poser et mettre des cierges allumés sur les tombes des donateurs, etc. » (1).

On l'a vu plus haut, les prêtres donnent l'exemple. Un grand nombre de ceux qui ont exercé leur ministère à Trémaouézan et y ont fini leur carrière, ainsi que la plupart des ecclésiastiques originaires de la trève et qui y sont morts, ont donné à la fabrique, qui, des fermes entières, qui, des pièces de terre, qui, de l'argent.

Quelquefois on ne laisse après soi qu'un pauvre mobilier et, dans ce cas, on juge inutile de faire les frais d'un testament, mais alors on voit quelqu'un venir remettre à l'église de la part du défunt, un modeste bijou, une bague, une petite croix, etc., qu'un des marguilliers se charge de vendre aux enchères, « jouxte la croix de l'entrée prin-

____

(1) Extraits de divers testaments.

cipale du cimetière, hors la terre sainte, selon la coutume. »

Notre-Dame de Trémaouézan a aussi ses dévots dans les paroisses voisines et ceux-là encore recommandent à leurs héritiers de lui porter leur obole après leur décès.

La liste suivante extraite d'un testament de 1684, et que l'on retrouve, à peine modifiée, dans une dizaine d'autres, indique les églises et chapelles chères aux tréviens, et auxquelles, avant de quitter ce monde, ils tenaient à faire une offrande :

« Le testateur lègue à l'église de Saint-Eloy .... 5 sols

A l'église de Sainte-Barbe, en Ploudenyel .... 5 sols

A l'église de Sainte Pétronille, aud. Ploudenyel .... 5 sols

A l'église de Sainte Brigitte (en Ploudaniel) .... 5 sols

A l'église de Monsieur Saint Edern.. 15 sols

A l'église de Monsieur Saint Yves, de la Roche-Maurice.............. 15 sols

A l'église de Notre-Dame du Folgoët. 10 sols

A Saint Quévroc, patron de l'église de Lanneufret.................... 3 sols

A l'église de Plounéventer......... 10 sols

A l'église de Sainte Barbe de Kerini-
san (en Plounéventer)............ 5 sols
A l'église de Notre-Dame de la Fontaine Blanche (en Landerneau).. 5 sols

Dans certains testaments, il y a aussi quelques sols pour « l'Hotel-Dieu de Paris et les
Quinze-vingts », et enfin dans presque tous,
on fait la part des domestiques et des pauvres.

1640. — « Marie Abhervé, de Keransant, en
Plounéventer (1), que nous avons trouvé
gisante en un accoudoër près le feu...

« Ordonne être baillé à Hervé Le Roux, son
mary, la somme de 90 livres thournoises et un
grand coffre neuf bois de chêne étant dans la
maison manale de Keransant, pour rémunéra-
tion et récompense des bons services, traitement et assistance qu'elle a reçu de son dit
mary, tant en santé qu'en maladie, et les soins
et diligence qu'il a apporté à sa conservation.

— Plus, ordonne bailler à Isabelle Blouet, sa
belle-mère, ses cotillons et manches de serge
noire.

— Plus, ordonne bailler à chacun des texiers
(tisserands ou tisseurs) étant en la dite maison, à Jan Balaznant et à Christophe Bigot,

____

(1) Ce testament contient un legs à N.-D. de
Trémaouézan, d'où une expédition dans nos archives.

à chacun 20 sols. Item, à Eliette Balaznant et à Béatrice André, servantes domestiques, à chacune une pièce de 20 sols et un couvrechef de ses meilleurs, pour partie de la récompense qui leur est due pour la peine qu'elles ont eu avec elle et les services qu'elles lui ont rendus.

— Plus, ordonne bailler et distribuer aux pauvres, tant de cette paroisse que de celle de Ploudenyel, son moindre manteau, son cotillon de serge noire et tous ses habits quotidiens, à ce qu'ils prient Dieu pour son âme.

— De plus, a légué à Jan Le Lann, son nourricier, la somme de 60 sols thournois. Aussi a déclaré quitter à Yves Abhervé ce qu'il lui doit pour le louage d'un métier à texier. »

1646. — Testament de François Gaouyer, cultivateur, demeurant à Coatdényel.

« Fait son testament d'ordonnance et dernière volonté pour disposer au salut de son âme et mettre paix entre ses enfants après son décès. »

Après avoir demandé qu'un service fut chanté, à son intention, le Dimanche de Pâques, par tous les prêtres et servants *in divinis* de l'église de Trémaouézan, il « déclare avoir baillé à Catherine Gaouyer, sa fille, mariage faisant avec Jean Le Roux, le nombre de 56 poidz de fil cru, à raison de 12 sols tournoys chacun poidz, une vache à lait et les accoutrements d'un lit de plumes et depuis pendant sa viduité lui aurait baillé 36 l. tournoises et un coffre en bois de chêne. Déclare aussi avoir baillé à Jean Gaouyer 424 l. tournoises et la garniture d'un lit de plumes... »

1668. — « Marie Laurent, demeurant à la Villeneuve, recommande son âme à Dieu et à la Benoiste Vierge Marie et déclare donner 1/2 boisseau d'avoine au fils de François Le Gall son voisin, un boisseau d'avoine à la fille de Dantec; à Marie Magadou 1/2 boisseau de bled noir.

— Plus, elle déclare pour la paix et la concorde qu'il y a eu entre son mari et elle, lui donner un lit clos étant auprès du feu, avec ses apparaux, un gobelet d'argent et un coffre de bois de chêne.

— Plus, elle déclare donner à Jeanne Laurent, sa nièce, son meilleur manteau, et son cotillon serge de couleur rose aux enfants de Vincent Can. Plus, elle déclare bailler une jupe à usage de femme aux enfants de Lorent Laurent.

— De plus, elle a déclaré lui être célébré deux octaves avec un trentain par les prêtres de Trémaouézan, avec une messe privilégiée et une octave au bout de l'an. »

1677. — Jeanne Guézennec, femme Ber- Berthou, de l'Isle, lègue à Notre-Dame du Folgoet trente sols avec ses brassières de damas rouge ; lègue à chacque esglise où la procession de Trémaouézan est accoutumée d'aller tous les ans, cinq sols qui seront délivrés à l'esglise du sainct dans l'endroit, cy....15sols.

...Ordonne en outre qu'après son décès il soit donné quatre cribles de seigle à Yvon Le Mével, Paul Gaillard, Catherine Broch et Marie Le Garo.

1689 (17 Juin). — Testament de Hervé Quillien, de Mestirgac. « ...l'âme étant séparé du corps, et le décès lui étant arrivé, ledit testateur a élu et élit la sépulture de son corps en l'église de Notre-Dame de Trémaouézan dans la tombe lui appartenant, remettant toute la pompe de sa sépulture à la discrétion de Marie Le Ravalocq sa femme, et ses héritiers, sans aucune superfluité...

Lègue à Notre-Dame de Trémaouézan et à chacune des confréries étant au nombre de trois, la somme de quinze sols.

Donne à sa belle fille la somme de 90 livres pour la salariser d'une partie de sa peine et du temps qu'elle a employé à son service...

En l'endroit le dit Quillien testateur et la dite Ravalocq sa femme, de lui suffisamment autorisée pour l'exécution de ceste, présente en personne, ont déclaré et par ceste, font don mutuel et égal l'un a l'autre de leurs biens communicables, par le survivant d'entre eux en pouvoir jouir et disposer sa vie durant, sans que les héritiers du premier mourant puissent en prétendre ni hériter qu'après la mort du dernier mourant... »

Ceci se passait le 17 Juin. Le 21 du même mois, Quillien se ravise. Il « déclare tenir bon à son testament, sauf au dernier article, qui est ce don qu'il avait fait à Marie Ravalocq, sa femme, de tous ses biens purement et en général, la vie durant d'icelle; auquel don il déclare ne porter état ni foi, ainsi le casse et résilie et le met à nul effet, parce que en faveur (au lieu) de ce, lui lègue un lit clos avec ses habilllements consistant en une couette et traversin de balle, deux... et deux lincères (draps), et une vache à lait sous poil noir, nommée ar Vioc'h bail bras. »

Chapitre VIII

Vieilles Coutumes

—•—

I.

Processions

Le P. Cyrille nous apprend que de son temps, Trémaouézan était un célèbre lieu de pèlerinage, où se donnaient rendez-vous les populations circonvoisines, surtout en temps de peste et de maladies contagieuses.

Nos archives, hélas, ne contiennent rien qui puisse nous renseigner sur le « grand nombre de preuves indubitables' » des faveurs accordées par la Sainte Vierge aux pieux visiteurs de sa chapelle. Les gens du pays chiffrent volontiers par milliers — un miracle par jour, disent-ils, s'accomplissait à la fontaine de Notre-Dame — les grâces insignes obtenues par l'intercession de la Madone de Trémaouézan, mais, en fait de souvenirs précis, ils

n'ont gardé que celui du prodige qui se ratta-
che à la construction de la chapelle neuve. Les
comptes, cependant, confirment à leur façon,
malheureusement par trop briève, les dires du
P. Cyrille touchant la dévotion de la région
d'alentour à N.-D. de Trémaouézan. Grâce à
eux, nous savons qu'au grand pardon de N.-D.
qui se célébrait le dernier dimanche d'Avril,
prenaient part les processions des trois paroisses de Landerneau (Saint-Houardon, Saint-
Thomas et Saint-Julien), ainsi que les processions de Ploudaniel, Plounéventer et Plou-
dern, et quelquefois celle de Lanneufret.
Notre-Dame recevait encore la visite de processions étrangères, en dehors du jour de son
pardon, par exemple, de celle de Plouédern, à
la fête du Sacre, de Landerneau qui, en 1647,
y vint « en procession extraordinaire pour
demander du beau temps », de Plounéventer,
qui s'y rendit avec ses reliques, en 1730.

Le pardon du mois d'avril, le grand pardon,
qui faisait autrefois accourir des milliers de
pèlerins aux pieds de N.-D., a été supprimé,
voilà un certain nombre d'années et remplacé
par le pardon de Saint Jean-Baptiste, qui
n'est cependant ni patron ni titulaire de
l'église.

De leur côté, les tréviens se rendaient, chaque année, en procession solennelle à la mère-paroisse, au jour de la fête du patron, Saint-Guinien; ils visitaient aussi deux autres paroisses qu'on ne nomme pas, mais qui ne peuvent être que Plouédern et Plounéventer.

II.

Reliques

Ce qui attirait les foules à Trémaouézan, c'était évidemment les nombreuses grâces que Notre-Dame y distribuait, mais c'était aussi les saintes reliques qu'on y gardait: « Heureuses, dit M. de la Borderie, les églises en possession de reliques illustres; sans cesse elles voyaient de pieux visiteurs remplir leur enceinte et vénérer leur sanctuaire. »

En fait de reliques illustres, l'église de Trémaouézan n'avait rien à envier aux sanctuaires voisins, puisqu'elle détenait une relique notable de Saint Jean-Baptiste et une autre de Saint Goulven. Ces vénérables restes existent toujours.

La relique dite de Saint Jean est un fragment d'humérus droit dont l'épiphyse inférieure est dégradée et dépourvue de son épicondyle. L'os mesure 20 ^{cm} 1/2. Il est percé sur toute sa longueur d'une quinzaine de trous remplis par des épingles en laiton qui ont apparemment servi à le fixer dans une gaine de soie ou de velours. Le reliquaire qui le contient est une petite boîte en bois de forme rectangulaire recouverte de velours rouge, portant sur l'une de ses grandes faces: *S' IAN BAPT* ; et sur l'autre : *L'AN 1801.*

La relique de Saint Goulven, longue de 11^{mc} 1/2, est la partie supérieure de l'humérus droit, présentant nettement la gouttière bicipitale. Elle est renfermée dans un modeste coffret en zinc peint, sur lequel on lit cette inscription: *RELIQUES DE SAINT GOULVEN.*

Voici d'après une pièce conservée aux archives de l'évêché de Quimper, dans quelles conditions ces reliques ont traversé les plus mauvaises années de la période révolutionnaire:

8 février 1805.

A M. Larchantel, grand vicaire de Quimper — à Quimper.

Monsieur,

Pendant la Révolution, j'avais mis les boëtes des reliques de Saint Jean-Baptiste et de Saint Goulven, évêque, dans une maison particulière. La colonne mobile arriva pour faire la fouille, et on mit les boëtes en terre;

on les y laissa trois ans, de façon que les bulles ou indults qui étaient dans les boîtes pour-
rirent tout à fait; on a conservé les reliques
et on a fait des boîtes neuves. Je vous demande si je puis les exposer à la vénération
du peuple; j'ose même vous prier de demander à Monseigneur l'Evêque un indult qu'on
pourra poser dans les boëtes comme il y avait
auparavant, crainte que dans la suite on pourrait en douter, faute de trouver les pièces au-
thentiques...

Ayéz la bonté de me donner un mot de
réponse, si le tems vous le permet, pour me
tirer d'embarras et soyez persuadé que je suis
avec les séntiments très soumis et très res-
pecteux,

Monsieur,

Votre très humble et très dévoué serviteur,
G. Huguen, desservant de Trémaouézan.

Comment ces reliques sont-elles arrivées à
Trémaouézan? Les bulles ou indults dont
parle la lettre de M. Huguen et qui ont si malheureusement péri nous l'auraient peut-être
appris. Après cette perte, nous ne pouyons
que nous livrer à des conjectures.

Ce qui nous paraît le plus probable touchant la relique de Saint Jean, c'est qu'elle a

été apportée de Palestine au temps des Croisades par un seigneur appartenant à l'une des nobles familles qui ont bâti l'église de Trémaouézan qui a précédé celle-ci, seigneur qui faisait sans doute partie de l'Ordre du Temple ou de l'Ordre de Malte.

Pour ce qui est des reliques de Saint Goulven, une hypothèse est vraisemblable. On a vu que les Penmarc'h ont été les fondateurs de notre église. Or les droits de l'église de Goulven étaient entre les mains de ces seigneurs « qui s'intitulaient sires et barons de Goulven dont ils avaient la pleine mouvance ». Cela étant, n'est-il pas permis de croire que les seigneurs de Penmarc'h auront facilement obtenu une partie des restes de Saint Goulven pour en enrichir leur chère église de Trémaouézan? (1).

Nombreuses étaient les fêtes où les reliques de la trève étaient exposées. Aux jours de grande affluence, on les descendait jusque

____

(1) « En 1533, dit Dom Plaine, le B. Yves Mahyeuc, évêque de Rennes, retira de la châsse de Saint Goulven un os du bras pour en gratifier la paroisse de Goulven dans le Léon. Il y eut sans doute d'autres distributions du même genre sur lesquelles nous manquons de renseignements, mais qui diminuèrent d'autant le précieux trésor des reliques de saint Goulven. » **(Bulletin de la Soc. Archéol. du Finistère**, 1890, p. 31).

sous le portail de l'église, ou toute une installation les protégeait contre vent et pluie. Inutile d'ajouter qu'elles étaient de toutes les processions solennelles; on les voit même, certaines années, faire le voyage du Folgoët, pour la fête du huit septembre. Le plus souvent, on se contentait de les transporter sur les routes fréquentées des pèlerins.

Lors de la grande fête du Folgoët et durant la foire d'une semaine qui la suivait, un prêtre et un des marguilliers en charge s'en allaient offrir une partie de ces reliques à la vénération des passants sur la route royale de Landerneau à Lesneven, auprès du hameau du Penfrat, à un km. au nord de la chapelle de Saint-Eloi. Pendant le même temps, un autre prêtre avec le second marguillier, se tenait sur la route de Trémaouézan à Ploudaniel et au Folgoët, à l'entrée du marais de Langazen, à l'endroit où un petit abri portait le nom de *Ti-ar-Rélégou*, (maison des reliques).

Le 14 septembre, jour de l'Exaltation de la Sainte-Croix, avait lieu à la vieille chapelle de Lochrist, en Plounévez, un autre pardon qui attirait presque autant de monde que celui du Folgoët et, comme la route qui mène de Landerneau à Lochrist passe sur le territoire de

Trémaouézan, un peu à droite du bourg, les reliques de la trève sortaient encore, et cette fois, on les plaçait au pied d'une des croix qui bordent le chemin, tantôt auprès de *Croas-ar-Feunteun-Ven*, tantôt auprès de la *Croix neuve*, contre le soubassement de laquelle une grande pierre plate servait d'autel pour les déposer.

Cette route de Landerneau à Lochrist est semée de croix. On en rencontre au moins treize, de toutes formes et de toutes dimensions, dans la portion de chemin qui s'étend de Landerneau jusqu'à Saint-Méen, c'est-à-dire sur un espace d'environ douze kilomètres.

Quelques-unes des plus anciennes ressemblent aux vieilles croix de Trémaouézan qui sont aussi, du reste, sur cette route et portent, comme elles, en leur centre la croix orientale inscrite dans un cercle. Il est possible que les Normands, débarqués sur la côte du Léon, aient suivi cette voie dans leurs incursions vers Landerneau.

Quoiqu'il en puisse être, il semble que ce n'est pas sans intention qu'on y a planté tant de croix. Le pardon de Lochris était en effet *le pardon de la croix*. Le chemin dont nous parlons, qui voyait chaque année passer d'immenses multitudes de pèlerins, était donc un vrai Chemin du Calvaire, dont les croix que l'on trouve de kilomètre en kilomètre étaient les étapes. Nul doute que le Christ de la dernière Station ne fût grandement secourable aux pauvres gens qui avaient tant de fois prié et pleuré en chemin, au souvenir de sa passion...

*
* *

Le saint-Précurseur était invoqué à Trémaouézan, comme à Saint-Jean-du-Doigt, à Plougastel, à Saint-Jean-Botlan, en Edern et en plusieurs autres lieux du Léon et de la Cornouaille, pour les maux de la vue. Après avoir prié devant les reliques du saint, les pèlerins de Trémaouézan se faisaient appliquer sur les yeux deux boules en cristal ayant la forme du globe oculaire, et qu'on appelait *Billiennou-Sant-Yan* (billettes de Saint Jean). Ces billettes existent toujours, mais l'usage qu'on en faisait a cessé depuis quelques années.

Aujourd'hui, Saint-Jean ne reçoit plus d'honneurs particuliers à Trémaouézan, si ce n'est le jour de son pardon, qui a, comme on l'a dit, supplanté l'antique pardon de Notre-

Dame. La veille de la fête, le feu tradition-
nel auquel chacun apporte sa bûche ou son
fagot, s'allume à côté de la fontaine du saint.
On n'a pas manqué de se munir de l'herbe de
Saint Jean (la joubarbe); on la passe sur les
flammes, on s'en frotte les yeux, après quoi,
elle est rapportée à la maison et conservée
dans la famille avec autant de soin que le
bouquet de laurier ou de buis du dimanche
des Rameaux.

III.

Le Vin de Pâques

Un autre usage d'autrefois et qui a depuis
longtemps disparu, consistait à donner un
peu de vin aux fidèles après la communion,
du moins aux jours de grandes fêtes. (Ici on
n'en donnait que pendant le temps pascal,
aux jours de grande affluence à la Sainte-
Table). On en trouve de fréquentes mentions
dans les comptes: Les comptables « ont
acheté du vin, selon l'ancienne coutume, pour
donner aux habitants de la trève après avoir
été communiés, le jeudi absolu (jeudi saint),
le dimanche de Pâques et le samedi blanc »
(le samedi après Pâques). 1664.

« Il ne faudrait pas conclure de ce vin
donné pour la communion, que la communion

sous les deux espèces fût en usage en Bretagne; mais à Pâques et aux principales fêtes de l'année, l'on donnait aux fidèles qui avaient communié un peu de vin, comme c'est encore l'usage pour les ordinands. » (*Bullet. Dioc.*, II 244).

IV.

Quenouille

Le pays de Léon étant jadis grand producteur de lin, ce précieux textile vient en bon rang dans la liste des offrandes que l'on relève dans les vieux comptes de nos églises. Celle de Trémaouézan recevait des bottes, des poignées, des paquets, des quenouillades de lin, — ainsi disent nos marguilliers — presque tous les dimanches et fêtes de l'année. Le fil ainsi recueilli était vendu tous les deux ans et produisait une somme variant entre cinquante et soixante livres.

L'usage voulait que chaque famille offrit une petite part de sa récolte de lin à l'église, et les ménagères étaient invitées à faire leur offrande d'une façon assez originale. On peut d'ailleurs en parler au présent, car la vieille coutume existe toujours. Chaque année, aux trois premiers dimanches de Janvier et d'Août, un marguillier qu'on appelle le fabricien de Sainte Anne, prend une quenouille garnie de lin et ornée d'un ruban de soie bleue, et tout en faisant sa quête parmi les fidèles, il touche légèrement de la hampe de la quenouille quelques-unes des ménagères qui assistent à l'office. C'est ainsi que l'on rappelait jadis que le temps de faire l'offrande de lin était venu. C'est, aujourd'hui qu'on ne cultive plus cette plante dans la paroisse, une discrète invitation à participer à l'offrande du pain bénit qu'un marguillier distribue tous les dimanches pendant l'office. La pratique que nous signalons existe encore, mais avec quelques variantes dans la forme, dans plusieurs paroisses du Léon et de la Cornouaille.

V.

Rites Funèbres

Quelques rites funèbres usités à Trémaouézan et, sans doute, dans d'autres paroisses du diocèse, sont aussi à noter. Ils témoignent de la profondeur des sentiments chrétiens chez nos Bas-Bretons, et du souci qu'ils ont du salut éternel de leurs trépassés.

Assistant un jour à la mort d'un homme de notre paroisse, nous fûmes singulièrement

édifié de voir, aussitôt le décès constaté, la
veuve, faisant trêve à la douleur, venir s'agenouiller sur la pierre du foyer, à la place qu'af-
fectionnait son cher défunt et réciter lente-
ment le *De Profundis*. Qnand elle eut fini, les
personnes présentes, en commençant par les
plus proches parents du décédé, répétèrent
la même prière. Ce n'était là que le prélude
des longues exorations qui se font dans ce
pays, à la veillée d'un mort, jusqu'à l'heure
du convoi.

Quand, un instant avant le départ pour
l'église, vous quittez la maison mortuaire, une
personne, à la porte, vous présente de l'eau
bénite et vous invite à vous signer: réminis-
cence peut-être des temps lointains où la Loi
obligeait à se purifier les Juifs qui avaient
subi le contact d'un cadavre.

Lorsqu'un convoi funèbre, se dirigeant
d'un des hameaux de Trémaouézan vers le
bourg paroissial, passe à côté des croix du
chemin, le cortège s'arrête et les porteurs du
corps s'approchant de ces croix, y font toucher le cercueil. La même cérémonie se
répète au pied de la croix du cimetière. C'est
le dernier baiser au Christ, le suprême hom-
mage rendu ici-bas à l'image vénérée auprès

de laquelle on aura passé tant de fois en mur-
murant une prière, un humble et suppliant
appel à la clémence du Juge.

CHAPITRE IX

Extrait des registres de l'Etat=Civil

I. Les Penancoët, seigneurs de Quillimadec

4 Août 1687. — « De Penancoët, fils naturel et légitime de noble et puissant François de Penancoët et de dame Gilette de Kerengar ; Yves Herry et Birgitte Kerbrat ont le dit enfant tenu sur les sacrés fonts et a été réservé de lui donner le nom par autres parrain et marraine, suivant la permission de Mʳ le grand vicaire signée Le Jacobin. »

29 Mai 1708. — « Mourut demoiselle Guillemette Gabrielle de Kerléan de Lannenec, fille d'écuyer Jean Joseph de Kerléan, sieur de Lannenec, et de dame Gabrielle de Penancoët. »

21 Novembre 1724. — Supplément de cérémonies du baptême d'une fille de Jean Jac-

ques René de Penancoët, seigneur de Quillimadec et de dame Marie du Kergoët, dame dudit lieu. Parrain, Jean Le Borgne, seigneur de la Paluë, major de la Noblesse de Léon ; marraine, Claude Augustine du Kergoët, demoiselle du Refuge; en présence de Messire Claude du Kergoët, son grand père, écuyer Louis de Mesnoalet, seigneur dudit lieu, son oncle.

II. Les Mesnoalet

10 Février 1717. — Baptême de Marguerite, fille légitime de haut et puissant Mre Louis de Mesnoalet, seigneur dud. lieu, et de dame Françoise de Penancoët. Parrain, Étienne Le Letty; marraine, Marguerite Le Sanquer.

10 Avril 1719. — Baptême de Christophe Alexandre, fils des mêmes. Parrain, Christophe de Kersauson, seigneur de la Marche, de Mespérénez; marraine, Thérèse de Kergoat, dame de Quillimadec, Coatrez, Beauregard.

15 Avril 1721. — Baptême de Vincent Louis, fils des mêmes. Parrain, escuyer Vincent Michel Le Pappe, seigneur de Lescoat; marraine, Angélique Marie Anne de Lentivy, vicomtesse de Carné.

25 Juin 1724. — Jean Robert, fils des mêmes. Parrain, Jean Samuel de Mesnoalet ; marraine, Roberte de Kerléan.

5 Octobre 1726. — Alain Yves Marie, fils des mêmes. Parrain, Messire Alain Corbé, curé de Trémaouézan; marraine, Marie Anne, demoiselle de Mesnoalet.

9 Mars 1729. — Françoise Renée, fille des mêmes. Parrain, Ronan François de Rodellec, escuyer du Porsic; marraine, Hélène, demoiselle de Mesnoalet.

3 Mars 1731. — Décès d'écuyer Louis de Mesnoalet, âgé d'environ 50 ans. Préside aux obsèques, l'abbé du Porzic, recteur de Lanneufret; présents à la cérémonie: écuyer Jacques de Coetnempren, seigneur de Kersaint, Nicolas de Kermellec, etc.

16 Septembre 1737. — Mariage de François Claude, fils majeur de escuyer Claude Thépault, sieur de Creac'haliou, et de Marie le Dourguy, dame dudit lieu, résidant à Lambert, trève de Bodilis, paroisse de Plougar, et de Mauricette Hélène, fille majeure de feu escuyer Louis de Mesnoalet et de Marie Françoise de Penancoët, résidant au manoir de Kergunic, trève de Trémaouézan, paroisse de Ploudaniel. Présents à la cérémonie : Ronan François de Rodellec du Porzic, de Kermellec Coatmeur, Louise de Rospiec, Jacques de Kerscau, etc.

8 Février 1758. — Meurt au manoir de Kergunic, Jean Robert de Mesnoalet, âgé d'environ trente quatre ans.

20 Octobre 1767. — Mariage de Jean Briand Cariou, seigneur du Goasven, fils de Robert et de dame Angélique de Caméru, seigneur et dame de Kerillis, veuf de dame Marguerite Françoise Bonomes du Guilly, originaire du diocèse de Tréguier, paroisse de Ploumiliau, et domicilié à Saint-Martin de Morlaix — et demoiselle Marie Josèphe, fille majeure de Messire François Claude Thépault, chevalier, seigneur de Lambezre et autres lieux, et de dame Mauricette Hélène de Mesnoalet, originaire de la trève de Bodilis et domiciliée à Trémaouézan. Signent au registre: Marie de Kersauson de Kerviaoüen, de Lhonnoré, Elisabeth Marie Gobert, Anne Françoise Thépault de Ponplixi; Louis Charles Hervé Le Guen de Kerven, Claudine Roberte Thépaut Kernisant de Kerbrizio Gobert.

19 Janvier 1768. — Mort, au manoir de Kergunic, de Marie Françoise de Penancoët, dame de Mesnoalet, âgée d'environ 80 ans.

23 Avril 1769. — Mort de Anne Françoise Thépault du Ponplixi, âgée d'environ 25 ans. — Signe de Kerven de Kerelec.

III. Quelques autres noms

1683. — Escuyer Alain de Kerengar et Gilette de Kerengar, dame de Quillimadec, Coatrez, Plouédern, Beauregard (1) et plusieurs autres lieux, sont parrain et marraine d'Anne, fille de Pierre Chever et d'Yvonne Maçon, du village de Languilly, en Ploudényel.

Jean Dourguy, seigneur de Loumélar (Plounéventer).

1689. — Joseph du Mescam.

1693. — Bernard de Parscau de Botteguiry.

1705. — Demoiselle Claude Renée de Trongoff de Basseville.

1729. — Estienne Lanuzel, sieur de Kervizien.

1739. — Paul Joseph Tourmel, sieur de Pentreff, notaire et procureur à Landerneau.

1740. — Adrien François de Villault de Bellefond, de Landerneau.

1747. — Marie Françoise de Châteaufur.

1758. — Marie Madeleine Sermensan, dame du Vieuxchâtel.

Meurt, au village de Kerdalaès, Claude Grall, soldat, dit Joli Cœur, âgé de 33 ans.

1766. — Jacquette Brichet, dame de Coatidreux.

______

(1) En Plouédern, en breton, Berrégard.

IV. Epidémie (1762)

« Le troisième jour de février mourut au village de Kerdalaès, François Moalic, âgé d'environ soixante ans, et fut le lendemain inhumé, le soussignant curé chantant et faisant les prières des morts dans le cimetière, auprès du tombeau qu'on avait creusé pour inhumer le cadavre. »

Même cérémonie, les 8, 9 et 23 Avril.

CHAPITRE X

Trémaouézan
pendant la Révolution

Au moment ou éclatèrent les premiers troubles révolutionnaires, M. Guillaume Huguen était curé de Trémaouézan depuis 1775; M. Yves Berthou y avait été nommé vicaire en 1786. Ils purent tous deux rester à leur poste pendant près de trois années, sans avoir été, du moins que nous sachions, trop inquiétés. Ce n'est que dans le courant de 1792 que le curé dut se cacher et le vicaire s'en aller.

M. Berthou paraît être parti au commencement du printemps de 1792, car le dernier acte qu'il signe — un baptême — est du 19 Février de cette même année. Il est probable qu'il se retira dans son pays, où il réussit pendant longtemps à échapper aux recherches des terroristes. Toutefois, il ne fut pas heureux jusqu'au bout: il eut la malchance de se faire prendre quand la Révolution touchait à sa fin (1), et il fut déporté à l'Ile de Ré, où il arriva le 29 Avril 1799. Il était alors âgé de 45 ans (2). Nous pensons qu'après quelques mois de détention, il rentra sain et sauf au pays, et que c'est lui qui signe un certificat de publication de bans mentionné dans un acte de mariage célébré à Trémaouéman le 26 Janvier 1801 : Yves Berthou, curé d'office à Tréflévénez.

M. Huguen, lui, continua de gouverner la paroisse jusqu'à la fin de l'été 1792. Le dernier acte qu'il rédige au registre de décès est du 26 Septembre. M. Inizan, prêtre de Ploudaniel le remplace à un enterrement, le 28 Octobre. M. Porlodec, vicaire à Ploudaniel, signe un autre acte de décès le 30 du même mois. A la suite de cet acte, le cahier de décès et aussi celui des baptêmes et mariages portent : Arrêté le 8 Novembre 1792, l'an Ier de la République française.

____

(1) Il fut arrêté le 5 Ventôse, an 7 (23 Février 1799) par une colonne mobile partie de Landerneau sous le commandement du citoyen lieutenant Bigou, 1799), conduit aussitôt à Landerneau, et de là transféré à Quimper.

(Archives municipales de Landerneau, **Dossiers de la Police**, pièce n° 100).

(2) Tresvaux, **Hist. de la persécution en Bretagne**, T. II, p. 539.

Signé : Jean Hely, maire, Jacques Pers, officier municipal, Guillaume Corcuff, procureur de la commune.

Une loi venait de paraître (7 Septembre 1792) qui obligeait les ecclésiastiques non assermentés à sortir du royaume dans les quinze jours. Cette loi, portée au lendemain des horribles massacres de prêtres qui avaient eu lieu à Paris, eut pour résultat de déterminer à prendre le chemin de l'exil la plupart des recteurs et vicaires de la région de Landerneau qui n'étaient pas déjà en fuite ou détenus au château de Brest.

Au moment où M. Huguen clôt ses registres de catholicité, ses confrères des paroisses voisines, Plouédern, Plounéventer, Lanneufret, s'embarquent à Roscoff pour gagner l'Angleterre (1).

Que devint le curé de Trémaouézan à partir de cette époque et pendant toute l'année 1793 ?

______

(1) Cf. Chanoine Peyron (**Documents pour servir à l'histoire du clergé et des communautés religieuses dans le Finistère pendant la Révolution, T. I, p. 317**). — Un procès-verbal du 31 Mars 1793, consigné dans un registre ayant appartenu à la mairie de Trémaouézan, et dressé en exécution d'un arrêt du Département du 7 mars précédent, ordonnant de rechercher les prêtres réfractaires, constate qu'il n'y en a plus à Trémaouézan : « ils ont quitté depuis le 27 septembre 1792 ».

Nous ne saurions le dire. Nous sommes tenté de croire qu'il dût, lui aussi, s'éloigner de son troupeau. Ce qui nous le fait penser, c'est que rien ne trahit sa présence dans la trève durant cette année, et qu'en outre, de toute la période révolutionnaire, le registre des baptêmes et mariages de 1793 est le seul à manquer dans nos archives. Il est donc probable que Trémaouézan est resté sans prêtre depuis l'automne de 1792 jusqu'à la fin de 1793.

I.

Ministère de M. Huguen

En feuilletant les registres qui relatent les baptêmes et mariages célébrés dans la trève pendant la période révolutionnaire, nous n'avons pas été peu surpris de trouver à ces registres des dimensions tout à fait insolites. Alors que de minces cahiers suffisent pour consigner les actes des époques précédentes et suivantes, les cahiers de la Révolution forment de véritables volumes, pleins depuis la première page jusqu'à la dernière.

Pour établir une comparaison, disons que, pendant la période des huit années qui s'écoulent de 1785 à 1793, il y a eu dans la trève 305 baptêmes et 46 mariages, soit une moyenne d'environ 38 baptêmes et 6 mariages par an. Du commencement de 1794 à la fin de 1801, on y a célébré 1.164 baptêmes et 520 mariages, ce qui fait monter la moyenne des baptêmes de 38 à 145, et celles des mariages de 6 à 65. La Révolution a donc produit à Trémaouézan le phénomène bizarre d'y quadrupler les baptêmes et d'y décupler les mariages.

Le lecteur a trouvé le mot de l'énigme ; M. Huguen, qui paraît avoir quitté sa paroisse à l'époque que nous avons dit, n'avait pas dû aller bien loin, car, au commencement de 1794, il est de nouveau à Trémaouézan. Ses confrères du voisinage n'ayant pu ou osé faire de même, le curé de Trémaouézan vit venir à lui quantité de fidèles privés de pasteurs. On voit, d'après les chiffres donnés plus haut, que l'intrépide curé ne recula pas devant l'énorme surcroît de besogne qui lui fut apporté.

Détaillons ces chiffres, par année et par paroisse, en commençant par les baptêmes.

Voir le tableau des Baptêmes conférés à Trémaouézan de 1794 à 1802, page 216.

Nombre des paroisses	NOMS des PAROISSES	Nombre des Baptêmes en								Totaux par paroisse
		1794	1795	1796	1797	1798	1799	1800	1801	
1	Trémaouézan	33	28	33	29	41	23	23	44	254
2	Plouédern	40	55	55	39	49	43	43	11	335
3	Ploudaniel	63	27	10	7	8	9	3	»	127
4	Landerneau { St Houardon	3	2	13	9	18	17	15	»	77
5	St Thomas	1	»	6	»	5	1	4	»	17
6	St Julien	1	»	»	1	3	1	2	»	8
7	La Roche	3	11	20	10	6	7	2	»	59
8	Beuzit	9	16	8	7	8	6	3	»	57
9	Lanneufret	4	10	3	9	9	6	8	2	51
10	Pencran	2	4	11	3	10	4	4	»	38
11	Trégarantec	4	7	6	6	4	4	3	»	34
12	Saint-Divy	6	13	»	»	»	»	»	»	19
13	Plounéventer	5	2	»	1	1	5	»	»	14
14	Dirinon	»	»	9	»	1	2	»	»	12
15	La Martyre	1	»	2	1	2	1	»	»	7
16	Plabennec	3	2	»	»	»	»	1	»	6
17	Saint-Méen	1	2	»	»	»	»	»	3	6
18	Trévarn (1)	»	»	6	»	»	»	»	»	6
19	Guipavas	»	5	»	»	»	»	»	»	5
20	Kersaint-Plabennec	2	»	»	»	»	»	1	»	3
21	Loperhet	»	»	3	»	»	»	»	»	3
22	Pont-Christ (2)	»	»	»	»	»	3	»	»	3
23	Saint-Thonan	»	»	»	»	3	2	»	»	5
24	Bréventec (3)	2	»	»	»	»	»	»	»	2
25	La Forêt	»	2	»	»	»	»	»	»	2
26	Le Drennec	2	»	»	»	»	»	»	»	2
27	Lesneven	1	1	»	»	»	»	»	»	2
28	Brest	»	»	»	»	2	»	»	»	2
29	St-Louis de Brest	»	»	»	»	»	1	»	»	1
30	Bodilis	»	»	»	»	»	1	»	»	1
31	Daoulas	»	»	1	»	»	»	»	»	1
32	Gouesnou	1	»	»	»	»	»	»	»	1
33	Guissény	»	»	1	»	»	»	»	»	1
34	Kernouës	»	»	1	»	»	»	»	»	1
35	St-Mcl de Lesneven	»	»	»	»	1	»	»	»	1
36	Saint-Urbain	»	»	1	»	»	»	»	»	1
	TOTAUX GÉNÉRAUX	187	187	189	122	171	136	112	60	1164

(1) Ancienne trève de Dirinon. (2) Ou Pont-Christ-Brézal, ancienne trève de Ploudiry. (3) Ancienne paroisse, aujourd'hui dans le Drennec.

Nombre des paroisses	NOMS des PAROISSES	Nombre des Mariages en								Totaux par paroisse
		1794	1795	1796	1797	1798	1799	1800	1801	
1	Trémaouézan	3	4	7	3	5	9	8	1	40
2	Landerneau { St Houardon	14	9	12	16	15	4	5	»	75
3	St Thomas	3	1	6	»	1	1	»	»	12
4	St Julien	1	»	2	3	»	1	1	»	8
5	Plouédern	13	15	18	7	9	9	13	4	88
6	Ploudaniel	10	9	5	1	2	4	2	2	35
7	La Roche	2	6	9	5	1	4	5	2	34
8	Pencran	2	2	4	3	3	3	4	2	23
9	Plougastel-Daoulas	1	2	8	3	»	8	1	»	23
10	Dirinon	1	3	8	»	3	4	1	»	20
11	Beuzit	5	5	3	1	2	2	1	»	19
12	Loperhet	»	3	6	1	4	2	1	»	17
13	Plounéventer	7	2	»	»	»	5	»	»	14
14	Lanneufret	1	1	3	2	2	2	1	1	13
15	Trégarantec	1	2	2	1	1	2	4	»	13
16	Lesneven	2	2	4	1	»	2	»	»	11
17	St-Louis de Brest	»	»	2	2	2	»	1	»	7
18	Kersaint-Plabennec	1	2	2	»	»	1	»	»	6
19	La Martyre	»	1	»	3	»	2	»	»	6
20	Saint-Divy	1	3	»	1	»	1	»	»	6
21	Ploudiry	»	2	1	2	»	»	»	»	5
22	Bodilis	1	»	1	»	»	1	»	1	4
23	Guipavas	2	2	»	»	»	»	»	»	4
24	Le Drennec	3	»	»	»	»	1	»	»	4
25	Saint-Urbain	2	»	1	»	1	»	»	»	4
26	Guicquelleau (1)	2	1	»	»	»	»	»	»	3
27	Plouider	1	»	1	»	»	1	»	»	3
28	Landivisiau	1	»	»	»	»	1	»	»	2
29	Languengar (2)	»	»	»	1	1	»	»	»	2
30	Le Tréhou	»	»	1	»	1	»	»	»	2
31	Plabennec	2	»	»	»	»	»	»	»	2
32	Saint-Frégant	2	»	»	»	»	»	»	»	2
33	Saint-Méen	1	»	»	»	»	1	»	»	2
34	Trévarn	»	»	»	»	»	1	1	»	2
35	La Forêt	»	»	1	»	»	»	»	»	1
36	Lambézellec	»	1	»	»	»	»	»	»	1
	A Reporter	85	78	107	56	53	72	49	13	513

(1) Aucienne paroisse, aujourd'hui en la paroisse du Folgoët.
(2) Ancienne paroisse, actuellement en Lesneven.

MARIAGES
Célébrés à Trémaouézan de 1794 à 1802

Nombre des paroisses	NOMS des PAROISSES	Nombre des Mariages en								Totaux par paroisse
		1794	1795	1796	1797	1798	1799	1800	1801	
	Report	85	78	107	56	53	72	49	13	513
37	Loc-Eguiner-Ploudiry	»	»	1	»	»	»	»	»	1
38	Pont-Christ	»	»	1	»	»	»	»	»	1
39	Plouguerneau	1	»	»	»	»	»	»	»	1
40	Plounévez-Lochrist	1	»	»	»	»	»	»	»	1
41	Saint-Servais	1	»	»	»	»	»	»	»	1
42	Saint-Thonan	»	»	1	»	»	»	»	»	1
43	Tréflévénez	»	1	»	»	»	»	»	»	
	TOTAUX GÉNÉRAUX :	88	79	110	56	53	72	49	13	590

Dans ces deux listes qui comptent qua-
rante-neuf paroisses étrangères, dont une
trentaine sont distantes de Trémaouézan d'au
moins douze km. et quelques-unes de vingt-
cinq et de trente, un groupe assez éloigné se
distingue: le groupe formé par Dirinon, Plougastel-Daoulas et Loperhet. Ces chrétiennes
populations devaient être sans prêtres, et, ne
pouvant s'en passer, bravaient tous les périls
pour se procurer le ministère des rares ecclésiastiques qui avaient réussi à se cacher dans
le pays, malgré la chasse active dont ils étaient
l'objet.

Landerneau, qui est plus rapproché, mais dont la population croyante était étroitement surveillée dans ses démarches par un comité sectaire, a droit aussi, avec ses 102 baptêmes et ses 95 mariages, à une mention particulièrement honorable.

Certains noms se retrouvent souvent sur nos registres, soit comme témoins aux mariages, soit comme parrains des enfants que l'on faisait baptiser, les noms de quelques hommes de Landerneau et surtout celui de Guy Berthelot, de la Roche-Maurice. Ces braves semblent avoir été l'âme du mouvement religieux dont nous parlons, celui-ci entraînant hardiment à sa suite les groupes qui venaient des environs de la Roche, ceux-là se faisant les guides des bons chrétiens de la ville de Landerneau.

II.

Extraits des cahiers de M. HUGUEN
Mariages

Nous transcrivons ici en entier un acte de mariage de personnes domiciliées hors de Trémaouézan et venues solliciter les bons offices de M. Huguen. Les observations dont nous le faisons suivre s'appliquent à tous les autres.

« Ce mardy vingt un Mai mil sept quatre vingt quatorze, après les fiançailles canoniquement faites, je soussigné curé, avoir conjoint, en mariage par paroles du présent, du consentement de qui de droit, Pierre Marguet, fils majeur des feux Jacques Marguet et d'Anne Tomascin, originaire de la paroisse de Notre Dame de Phalsbourg, diocèse de Strasbourg, province de La Lorraine et domicilié sur la paroisse de Saint-Houardon de Landerneau, et Marie Françoise Cariou de Goasven, fille majeure de feu Jean Briant Cariou de Goasven et de Marie Josèphe Thépaut de Lambertz, originaire de la paroisse de Saint Martin de Morlaix et domiciliée sur la paroisse de Saint-Houardon de Landerneau et leur ai administré la bénédiction nuptiale selon la forme prescrite par notre Mère la Sainte Eglise, en présence de Jean Herry, de Guillaume Simon, d'Yves Madec et de Goulvin Chopin qui avec les nouveaux mariés déclarent ne savoir signer : de ce interpellés suivant l'ordonnance.

Le contrat civil se trouvera sur le registre de Saint Houardon.

G. HUGUEN, curé de Trémaouézan. »

M. Huguen administrait la bénédiction nuptiale aux étrangers qui venaient la lui demander « du consentement de qui de-droit », c'est-à-dire du consentement de l'évêque de Léon, Mgr de la Marche, réfugié en Angleterre. Le prélat, du lieu de son exil, avait conféré à ceux d'entre ses prêtres qui avaient pu rester à leur poste, tous les pouvoirs dont ils avaient besoin pour exercer leur ministère pendant les temps difficiles que l'on traversait.

Autre remarque: Alors qu'avant la Révolution, les cahiers, qui servaient à enregistrer les mariages, sont couverts de signatures, signatures des nouveaux mariés, des témoins, des assistants, ceux de la période révolutionnaire ne portent d'autre signature que celle de M. Huguen. Invariablement, les jeunes époux ainsi que les témoins et autres assistants, fussent-ils avocats, notaires ou capitaines de vaisseau, « déclarent ne savoir signer ». Le bon curé ne voulait sans doute compromettre personne, et il est probable que les braves gens qui venaient à lui ne tenaient pas non plus à ce qu'on pût exploiter à leur détriment la preuve flagrante qu'ils avaient contrevenu aux lois en recourant au ministère d'un prêtre insermenté.

Chose assez singulière: l'effroyable crise que l'on avait traversé n'était déjà plus qu'un loin-

tain et mauvais souvenir, personne ne ris-
quait plus rien à fréquenter les prêtres ni à
laisser sur papier une attestation de présence
à une cérémonie religieuse, et M. Huguen continue à écarter de ses cahiers toute signature
autre que la sienne. La formule « déclarent
ne savoir signer » revient dans tous les actes,
jusque par delà la chute de l'Empire, même
quand par surprise ou pour faire une niche
au vieillard, quelques assistants ont signé.
Tyrannie de l'habitude ou phobie contractée
aux mauvais jours du passé et que le retour
de la sécurité n'avait pu disparaître !

19 Janvier 1795. — Mariage « de Pierre
Anne de Saisi de Kerampouil, fils majeur des
feux Charles Saisi de Kerampouil et de Charlotte Silvi du Rosmar, originaire de la paroisse
de Saint-Etienne, diocèse de Tréguier, et domicilié sur la paroisse de Plouguer-Carhaix, et
Louise Doissant (d'Oixant), fille majeure de
feu Charles Gabriel Doissant et de Marguerite de Guernissac, originaire de la paroisse
de Ploumoguer et domiciliée sur la paroisse
de Saint-Houardon. »

25 Mai 1796. — Mariage « de Joseph Leger
Hippolyte Xavier Duval, fils de Paul Marie
Catherine et de feue Marie Anne Le Tullier,
originaire de la paroisse de Larcahai, Ile et

Côtes de Saint Domingue en l'Amérique, et domicilié sur la paroisse de Castelnau de Médoc, diocèse de Bordau, et Marie Anne Legris de Lanrinou, fille de feu Guillaume Jacques Legris de Lanrinou et de Françoise Renée de Saint Maudez Nayl, née et domiciliée sur la paroisse de Saint-Houardon. »

10 Août 1796. — Mariage de « René Bazin, fils des feux Louis Bazin et Julienne Jouannin, né et domicilié sur la trève de Saint-Julien, paroisse de Ploudiri, et Marie Josèphe Laurence Kerebel, fille de Jean Valentin Kerebel et de feue Marie Anne Déniel, née et domiciliée sur la paroisse de Saint-Houardon, ... en présence de Joseph Bazin, frère du nouveau marié et de Philibert du Chemin, cousin germain... »

12 Octobre 1796. — Mariage de « Sire Alexandre Le Paige, fils majeur des feux Michel Pierre Alexandre Le Paige, chevalier, ancien écuier de Madame La Dauphine, seigneur de Quinci, et Charlotte Julie Benoist Lullot de Cremont, originaire de la paroisse de Saint-Sulpice de Paris et domicilé sur la paroisse de Saint-Michel de Lesneven, et Marie Jeanne Yvone Grée-Villeneuve, fille majeure de feu Joseph Julien Grée-Villeneuve et de dame Marie Renée Godefroy Kersengar,

née et domiciliée sur la ditte paroisse de Saint-Michel de Lesneven ... en présence d'Yves Marie Gréc-Villeneuve, frère de la nouvelle mariée et de Joachim Marie Godefroy oncle, Yves Mathurin Tual-Boiroger, d'Ollivier Pierre Marie Tual-Boiroger... »

15 Novembre 1796. — Mariage de « Yves Guy Marie Pastoure Kerjean, fils de François Toussaint Marie Pastoure Kerjean et de Magdalaine Marie Désirée Goasbrian Pastoure Kerjean, originaire de la paroisse de Plouganou, diocèse de Tréguier, et domicilié sur la paroisse de Direnonc (Dirinon), diocèse de Quimper, et Silvie Marie Désirée Le Bègue, fille de Jean Antoine Le Bègue et de feue Marie Josèphe Parcevau dame Le Bègue, originaire de la paroisse de Saint Louis de Brest et domiciliée sur la paroisse de Plouédern, ...en présence de ...François de Noncé... et de Louis Marie Goury... »

17 Janvier 1797. — Mariage de « Jean George Willmann, fils majeur de feu Ignace Willmann et de Magdeleine Bruustein, originaire de la paroisse de Bolzenhein, diocèse de Penfelt dans la paroisse de l'Alsace et domicilié sur la paroisse de Saint-Houardon et Julienne Marie Le Corre, fille de feu Corentin Le Corre

et de Marie Anne Morry, née et domiciliée sur la paroisse de Saint-Houardon. »

19 Février 1797. — Mariage de Jean Fortunat Baud-Vachères, ancien capitaine de vaisseau, fils de Firmin et de feue Marie Arnichand, originaire de la paroisse de Saint-Andéol, province du Languedoc, et domicilié sur la paroisse de Saint-Louis de Brest, et Victoire Hyacinthe Marie Gillard, fille de Pierre Gabriel et de Marie Charlotte Larcher de Kerascoët, née et domiciliée sur la trève de Saint-Julien, paroisse de Ploudiry.

26 Juin 1797. — Mariage de Antoine Laurent, directeur du jardin botanique, veuf majeur de feue Jeanne Marie Le Breton, né et domicilié sur la paroisse de Saint-Louis de Brest, et Marguerite Le Roux, fille majeure des feus Laurent et Toussainte Fortin, originaire de la paroisse de Toussaint, diocèse de Rennes, et domiciliée sur la trève de Saint-Julien de Landerneau, paroisse de Ploudiry, en présence d'Etienne Radiguet, etc...

14 Novembre — Mariage de Jacques Auguste Monge, veuf majeur de feue Louise Dubuisson, originaire de la paroisse de Saint-Sauveur de Dinan, évéché de Dol, et domicilié à Saint-Louis de Brest, et Ursule Yvonne Le Gall, veuve majeure de feu Pierre Meilard,

née et domiciliée à Saint-Houardon, en présence d'Etienne Radiguet, etc...

3 Février 1798. — Mariage de Louis Gréviller, originaire de Saint-Gery, diocèse de Cambrai, province de la Flandre française, et Marie Jeanne Audrein, fille majeure de feu Jean et de Marguerite Mengui, originaire de Lanildut et domiciliée à Saint-Houardon.

19 Mars 1798. — Mariage de Louis Marie La Fontaine Treaudet, fils majeur de feu René Gilles Germain et de Gérarde Françoise La Caze, originaire de Saint-Julien et domicilié à Saint-Houardon, et Urbane Jeanne Françoise Jacolot, fille de Pierre et de feue Françoise Favier, née et domiciliée à Saint-Houardon.

15 Juin 1798. — Mariage de Julien Lhermitte, originaire de Champsègre, diocèse du Mans, province de Normandie, et domicilié à Saint-Louis de Brest, et Marie Mondin, domiciliée au dit Saint-Louis.

17 Septembre 1798. — Mariage de Yves Bijeault, fils de Louis et de Catherine Goutet, né et domicilié à Saint-Louis de Brest, et Rose Françoise Lahille, fille de Jean Marie et de Gilonne Françoise Humeblot, originaire de Plounévez, et domiciliée à Saint-Houardon.

20 Octobre 1798. — Mariage de Joseph

Cyprien Ricord, originaire de Grasse, province de Provence, et domicilié à Saint-Louis de Brest, et Marie Françoise Lescop, fille d'André et de feue Marie Anne Longin, originaire de Saint-Houardon et domiciliée à Saint-Louis.

22 Novembre 1798. — Mariage de Nicolas Ignace Frêtre, originaire d'Alsace, et domicilié à Saint-Houardon, et Anne Botorel, originaire de Cléder et domiciliée à Saint-Houardon.

24 Janvier 1799. — Mariage de Joseph Mével, fils de René et Marguerite Le Gall, né et domicilié à Saint-Thomas de Landerneau, et Elisabeth Yvonne Trébaol, fille de Goulven et de Marie Jeanne Pilven, originaire de Milizac et domiciliée à Pencran.

28 Avril 1800. — Mariage de Jules Desgrisel, originaire de Sainte-Croix, diocèse de Lyon, et domicilié à Saint-Louis de Brest, et Antoinette Kerlégan, fille de François et de Madeleine Le Galentesec, née et domiciliée à Saint-Houardon.

26 Mai 1800. — Mariage de Marin Rouillard, originaire de Saint-Bré, diocèse du Mans et domicilié à Saint-Louis, et Marie Anne Hanin, fille de Jean Baptiste et de Marguerite Jestin, née à Ploumoguer et domiciliée à Saint-Louis de Brest.

Baptêmes

C'est par caravanes que les fidèles des paroisses éloignées se dirigeaient sur Trémaouézan, où M. Huguen baptisait. Le 3 Septembre 1796, l'infatigable curé administre le baptême à dix enfants, dont six provenaient d'un groupe de villages situés sur les territoires de Dirinon, Trévarn et Saint-Urbain.

Le 8 Décembre de la même année, à la tombée du jour, une seconde caravane, partie des mêmes parages et de Daoulas, se dirige sur Trémaouézan. Evitant Landerneau, où les terroristes veillent, elle franchit l'Elorn sur le pont d'un moulin de la Roche, et se trouve avant le milieu de la nuit au hameau isolé ou M. Huguen, prévenu, attend. La grange où il célèbre les saints mystères, quand les *paotret ar C'hlub* (les hommes du Club) ne le serrent pas de trop près, est parée comme aux grands jours. On célèbre d'ailleurs la Conception de la Vierge, et quelles complies plus émouvantes pourraient clôturer la fête que celle que chantent ces cœurs angoissés, confiants pourtant parce qu'ils sentent que, non loin d'eux, dans l'église de Trémaouézan, dont le clocher se profile dans l'ombre, Notre Dame emprisonnée, mais toute puissante, veille sur ses fidèles.

L'homme de Dieu s'est assis à son tribunal. Dans ces nouvelles catacombes, les pénitents se succèdent et, quand c'est fini, une autre cérémonie commence: le baptême des neuf enfants que l'on a amenés. Mais minuit sonne, et alors c'est la messe, la messe des noces, car il y a là aussi quatre fiancés qui vont recevoir la bénédiction nuptiale...

Une heure après, tout est terminé. Le curé consigne baptêmes et mariages sur ses registres, exhorte ces braves gens à rester forts dans leur foi, et les renvoie avec une dernière bénédiction. Les voyageurs alors reprennent dans les ténèbres le chemin par lequel ils sont venus, pendant que M. Huguen regagne sa pauvre couchette au milieu des ruines du Coisquer (1).

20 Mars 1798. — Baptême de Sophie Jeanne Hyacinthe, fille légitime de Louis Marie Goury et de Sophie Charlotte Marie Hyacinthe du Boisguehenneuc, son épouse, née le 9 mars à Trémaria, sur la paroisse de Saint-Houardon; parrain, Jean Jacques Mascle du Beuze;

____

(1) Nous avons compté trente-neuf personnes dans cette expédition nocturne: pères des enfants, parrains, marraines et fiancés. Il faut sans doute ajouter quelques mères, car les enfants présentés au baptême étaient presque tous âgés de plusieurs mois.

marraine, Hyacinthe Vincente Rose Le Moyne Kerincuff. — 8 Mars 1800. Baptême d'un autre enfant des mêmes, qui reçut les prénoms de Sébastien Charles. Parrain, Jean Sébastien Goury; marraine, Caroline Lantivy du Bois Guéhenneuc.

10 Février 1799. — Baptême de Casimir Henry Joseph, fils légitime de Charles Marie Henry Boscalz de Réals et de Jeanne Henriette Salomé de la Tulaye, née à Landerneau, paroisse de Saint-Houardon. Parrain, Louis Marie Casimir Causse de Vallongne ; marraine, Marie Josèphe Montier de Réals.

17 Février 1799. — Baptême de Anne Eulalie Françoise, fille de Pierre Marie La Caze et de Eulalie Marie Creuzel, née à Saint-Houardon. Parrain et marraine: François Marie La Caze et Anne du Fossé, veuve Kermarrec.

III.

M. Huguen traqué et volé

Les cahiers de Trémaquézan ne nous révèlent qu'une partie de l'activité de M. Huguen pendant la Révolution. Ils ne nous disent rien de l'immense besogne des confessions, des visites aux malades dans tout le rayon, des prières faites au chevet des morts qu'on ne voulait pas mettre en terre sans la bénédiction du prêtre, des voyages de jour et de nuit à travers mille dangers. La tradition nous rapporte qu'il était appelé à porter le secours de son ministère jusqu'à Trégarantec et Saint-Méen et qu'il ne refusait jamais les services qu'on lui demandait, quelles que fussent sa fatigue et les risques qu'il courait. Lui aussi, il aurait pu, à l'instar de Saint Paul, faire une longue énumération des périls où il s'était trouvé, mais auxquels, par la grâce de Dieu, il échappa jusqu'à la fin.

Il avait plusieurs cachettes dans le pays, et il se retirait tantôt dans l'une, tantôt dans l'autre, suivant la gravité du danger. Quand les pourchasseurs de prêtres n'étaient pas signalés dans les environs, il résidait à deux pas du bourg, dans une maison de Kermaria. Il logeait dans la ferme solitaire du Menhir lorsque la menace se faisait plus grande, et enfin, son suprême refuge, son réduit central, était au Cosquer, où il s'était ménagé un abri sûr dans les ruines de l'ancien manoir. Eut-il été traqué dans cette retraite, qu'il n'avait qu'un bond à faire pour se trouver dans un immense champ de hauts genêts et, s'il craignait d'y être cerné, il avait devant lui toute l'étendue du marais de Langazen, alors entièrement recouvert de hautes herbes et d'inextricables fourrés, terrain perfide où des étrangers n'auraient pu s'engager sans courir le risque des pires aventures. M. Huguen, né sur les bords du marais, le connaissait parfaitement et il avait d'ailleurs dans la trève de nombreux parents dont les descendants habitent toujours Trémaouézan. Vénéré de ses ouailles, il était aussi sûr d'elles que de lui-même, et quand on le sentait trop menacé on ne manquait pas de l'avertir. Le maire, les officiers municipaux et le procureur de la commune étaient de braves gens qui n'auraient pour rien au monde trahi leur vénérable pasteur. La preuve que l'entente était parfaite entre eux, c'est que M. Huguen rédigeait pour eux les actes de l'état-civil et qu'eux, de leur côté, servaient très souvent de témoins aux étrangers qui venaient demander au curé de Trémaouézan de bénir leur union. Nous pensons aussi — étant donné le nombre considérable des familles à Landerneau qui recouraient à son ministère — que M. Huguen avait, dans cette ville, des amis prompts à le mettre sur ses gardes lorsque le comité révolutionnaire tramait quelque machination contre lui.

Une fois, dit-on, il faillit être pris. Il se

trouvait dans une ferme aux environs du bourg, quand un peloton de sans-culottes envoyé à sa recherche arriva à l'improviste. Mais les protecteurs de M. Huguen avaient tout prévu. Derrière la maison où il se tenait, il y avait un tas de bois dans lequel on avait pratiqué une cachette. Le chef de la bande paraissait l'avoir éventée. Mais, soit qu'il craignit des représailles de la part des habitants, ou qu'il n'eut aucune envie de faire aboutir sa mission, il ne trouva rien. Pour que, cependant, on ne put l'accuser de tiédeur, il mit la maison et ses dépendances sens dessus dessous, fouilla partout, sonda même le tas de bois de sa baïonnette, mais la muraille ligneuse était suffisamment épaisse, et rien ne révéla la présence du proscrit.

La même colonne mobile qui avait capturé M. Berthou et emporté son mobilier, le 23 février 1799, monta de Landerneau à Trémaouézan le 8 mars suivant, espérant que, cette fois, M. Huguen ne lui échapperait pas. Elle échoua et ne put s'emparer que d'un lot de pauvres effets cachés au bourg chez « Nicolas Le Roux, cultivateur et marchand de beurre de la commune de Trémaouézan, dans l'aire duquel a été trouvé, dans un mulon de paille, les effets ci-après inventoriés.

Savoir:

Une vieille soutane;

Deux vieilles vestes noires de velours;

Deux mauvaises culottes noires;

Une ceinture noire;

Un vieux bonnet quarré avec trois touffes;

Cinq aubes dont deux presque *pourries*;

Un surplis de mousseline;

Unne petite nappe d'autel.

Tels sont les objets trouvés dans le dit endroit... » (1).

Dès que les circonstances le lui permirent, M. Huguen écrivit au Préfet du Finistère et aux autorités municipales de Landerneau pour protester contre cette spoliation et une autre plus ancienne et plus grave dont il avait été victime.

Voici une de ses lettres:

Aux Citoyens,

Citoyens Maire et adjoint de Landerneau,

à Landerneau.

Citoyens,

Environ le quatorze pluviôse an 7 de la république française (3 Février 1799), une

(1) Rapport du citoyen Crespy, agent municipal à Landerneau; Archives municipales de Landerneau, **Dossiers de la Police**, pièce 97.

colonne mobile, partie de Landerneau, se transporta à mon domicile. J'étais absent. Elle enleva mon linge, mes hardes, quelques pièces de toilles, mes couvertures, mes chemisses, mes bas, enfin tout ce qui était susceptible d'être transporté; je ne sçais par quel ordre fut opérée cette saisie. Trois chevaux auraient à peine suffi au transport de tous les effets qui furent pris chez moi. Errant et proscrit, je ne pus faire entendre mes réclamations, elles n'auraient eu d'autre effet que d'activer encore les poursuites dont j'étais l'objet et dont j'eusse peut-être été la victime.

La déclaration que j'ai faite à l'administration de Ploudaniel m'a réintégré dans tous mes droits de citoyen. J'ai celui de réclamer mes effets pris injustement chez moi, et transportés en la maison commune de Landerneau. Ils doivent s'y trouver encore. Aucune loi n'en autorisait l'enlèvement. Cette colonne mobile était seulement autorisée à me poursuivre et à m'arrêter, elle n'avait aucun droit sur mes effets.

Veuillez bien, citoyens maire et adjoint, chercher les moyens requis et nécessaires pour que je sois remis en possession de tous les objets saisis chez moi et transportés par une colonne mobile en la maison commune de Landerneau.

Salut et respects.

Guillaume Huguen, prêtre,

à Trémaouézan.

Le vingt-deux Nivôse.

An 9 Républicain (13 Janvier 1801) (1).

Moins de trois mois après, M. Huguen rentra dans son bien, ainsi qu'en fait foi la pièce suivante:

Je soussigné, Maire de Trémaouézan, reconnäis avoir été resaisi de tous les objets ci-dessus mentionnés à la charge de les remettre au Cⁿ Huguen, Ex-Curé dudit Trémaouézan, en conformité de la lettre du Cⁿ Rudler, préfet du département du finistère, en date du 27 courant, écrit au Cⁿ Goury, maire de Landerneau, dont décharge.

Landerneau le 29 Ventôse, an Neuf (19 Mars 1801).

Jacques Pers, maire (2).

______

(1) Archives municipales de Landerneau, **Dossiers de la Police,** pièce 99.

(2) Id. n° 98.

NOTES

Déclarations de M. Huguen
du 18 Août 1795

S'est présenté Guillaume Huguen, prêtre, vicaire du culte catholique, apostolique et romain, résidant en cette commune de Trémaouézan, faisant la déclaration suivante:

« Les ennemis des ministres du culte catholique, apostolique et romain ci devant détenus et cachés à raison du refus de serment, ne cessent de leur imputer d'être réfractaires à la loi et d'insinuer qu'ils sont en révolte contre le gouvernement. Les dits ministres ne sont pas et n'ont pas été réfractaires à la loi. Une loi a prescrit aux fonctionnaires publics de jurer la ci devant constitution civile du clergé ou d'abandonner leurs bénéfices. Ils n'ont pas fait le serment, mais ils ont abandonné leurs bénéfices; ils ont donc obéi et ne sont pas réfractaires; ils ne sont point, ils n'ont pas été, et ne seront jamais en révolte contre le gouvernement, disciples d'un maître qui leur a dit que son gouvernement n'est point de ce monde. Ils sont par état et par principe soumis au gouvernement civil de tous pays qu'ils habitent. Lorsque Jésus-

Christ a envoyé ses disciples et ses apôtres prêcher l'Evangile dans tout l'univers, il les envoya dans les républiques comme dans les monarchies, et telle est l'excellence de cette religion toute divine, qu'elle s'adapte à toutes les formes de gouvernement. Dire que le culte catholique, apostolique et romain ne peut s'exercer dans les républiques comme dans les monarchies, c'est calomnier ce culte et ses ministres. Je déclare fixer mon domicile sur le territoire de la commune de Trémaouézan. Tels sont et tels seront toujours les sentiments du soussigné qui en requiert acte.

Ce jour premier fructidor l'an troisième de la république française une et indivisible.

G. HUGUEN, vicaire. »

Le même jour, une autre déclaration, qui n'est que la reproduction de celle que l'on vient de lire est signée: Y: M: Berthou, prêtre.

Déclaration du 21 Juillet 1801

« Le deux thermidor an neuf de la République, s'est présenté devant nous, maire de Trémaouézan, Guillaume Huguen, ministre du culte catholique, lequel a dit: « Je viens donner à la puissance temporelle une garantie de ma soumission, et, en conséquence, sauf la religion catholique, je promets d'être fidèle à la constitution de l'an huit », et a requis acte que nous lui avons octroyé et a signé avec nous.

G. Huguen, prêtre à Trémaouézan, — Jacques Pers, maire.

Autre Acte concernant M. Huguen
(11 Janvier 1804)
Département du Finistère
Premier arrondissement.

Je sousssigné, Etienne Catherine Lefebvre Lapaquerie, sous-préfet du premier arrondissement du département du Finistère, certifie que, aujourd'hui vingt nivôse de l'an douze de la République française, devant moi séant dans l'église paroissiale de St Louis à Brest, s'est présenté Monsieur Huguen (Guillaume), nommé desservant de la succursale de Trémaouézan par arrêté de Monsieur l'évêque du 15 frimaire an douze, approuvé par le premier consul.

Lequel s'est mis à genoux, et, la main droite placée sur l'évangile, a prêté serment dans les termes suivants:

Je jure promets à Dieu, sur les saints Evangiles, de garder obéissance et fidélité au gouvernement établi par la constitution de la

République française; je promets aussi de n'avoir aucune intelligence, de n'assister à aucun conseil, de n'entretenir aucune ligue, soit au dedans soit au dehors, qui soit contraire à la tranquillité publique, et si, dans l'arrondissement de ma succursale ou ailleurs, j'apprends qu'il se trame quelque chose au préjudice de l'Etat, je le ferai savoir au gouvernement.

Duquel serment j'ai donné acte et rapporté le présent procès-verbal.

En foi de quoi j'ai délivré le présent acte.

Le Sous-Préfet,

LAPAQUERIE.

Vote d'un traitement à M. Huguen

« Le Conseil (municipal de Trémaouézan), considérant que M. Huguen, prêtre desservant l'église succursale de cette commune, rend depuis très longtemps de grands services aux habitants, qu'il est de l'intérêt de tous de l'attacher à son église, et qu'il convient pour cela de lui assurer un traitement qui suffise à son existence:

« Arrête qu'il sera payé à Monsieur Huguen, pour la desserte de l'église succursale de cette commune, une pension annuelle de cinq cents francs, sans préjudice des obligations et autres droits qui pourront lui être attribués par M. l'Evêque de Quimper... »

Fait et arrêté le 5 Mai 1807.

Guillaume Corcuff, Yves Frémont, Alain Kerouanton, François Le Guen, Pierre Nicolas, C. F. Jézéquel, Jean Masson, H. Kerriou, Jean Hamon, Nicolas Norroy, J. Bourhis, T. Humili, Y. Fur, F. Roux, Jacques Pers, maire.

24 Décembre 1792. — Inventaire et dénomination des effets appartenant à l'église succursale de Trémaouézan, en la paroisse de Ploudaniel, chef-lieu de canton au district de Lesneven, département du Finistère. Et 1°

1. Quatre clefs sur l'église, qui sont entre les mains des Bedeaux.

2. Une sur la sacristie, déposée entre les mains du maire.

3. Quatre armoires dans la sacristie, dont chacune a des clefs.

4. Un soleil et un ciboire, deux calices.

5. Deux petites croix de cuivre jaune.

6. Quatre ornements de diverses couleurs.

7. Trois chapes de différentes couleurs.

8. Trois aubes avec leurs amicts et cordons.

9. Un plat pour la quête.

10. Deux grands missels dans le chœur, et deux moindres pour la messe.

11. Cinq nappes d'autel.

12. Une lampe de cuivre.

13. Tous les registres des baptêmes, mariages et sépultures qui se trouvent au nombre de cinquante-deux.

14. Trois clefs sur les archives, dont une est entre les mains du maire, l'autre entre les mains du procureur, et la troisième entre les mains d'Yves Grall, notable.

15. Cinq autres clefs, déposées entre les mains de Pierre Le Jeune, fabrique en charge, qui en est chargé.

Déjà, le 12 Octobre 1792, on avait, pour se soumettre à la loi du 10 Septembre précédent, transporté à Lesneven « toute l'argenterie d'or (sic) et d'argent » qui se trouvait dans l'église de N.-D. de Trémaouézan, dont on avait toutefois excepté le soleil, le ciboire et les deux calices mentionnés au N° 4 de l'inventaire ci-dessus.

Le 18 août 1794, on dût envoyer au district tous les objets qui sont énumérés dans l'inventaire. Ainsi fut consommée la spoliation du vénérable sanctuaire, et, puisque les clefs furent également enlevées, l'église fut nécessairement fermée.

CHAPITRE XI

Après le Concordat

I.

Encore M. Huguen

Pendant les premières années qui suivirent les troubles révolutionnaires, M. Huguen fit encore quelques baptêmes et mariages pour le compte des paroisses voisines de Trémaouézan. Cela s'explique: Lanneufret n'avait pas retrouvé son pasteur; Ploudaniel paraît n'avoir eu qu'un prêtre pendant quelque temps, M. Yves Morvan; quant à Plouédern, un de ses prêtres, M. Jean Marie Bourellec, rentra en 1801, mais il semble bien que les privations avaient fortement atteint sa santé, car nous surprenons, de temps en temps, le curé de Trémaouézan travaillant pour la paroisse de son confrère, et cela pendant des semaines entières.

Ce qui est plus étonnant c'est que, presque jusqu'à la mort de M. Huguen, arrivée en 1818, des personnes habitant au loin viennent demander au curé de Trémaouézan de bénir leur union, ou lui présenter des enfants à baptiser. Elles ont eu soin, bien entendu, de se munir des autorisations requises en pareil cas. Nous pensons que ces personnes appartenaient à des familles auxquelles M. Huguen avait rendu des services aux mauvais jours d'antan, et que c'est pour recevoir une bénédiction du vénérable prêtre qui les avait accueillies, et aussi pour remercier Notre-Dame de les avoir protégées, qu'elles retournaient ainsi à Trémaouézan.

Voici deux de ces baptêmes et un mariage:

7 Juillet 1813. — Baptême de Fannie Céleste Renée, fille légitime de Jean Marie Cahel, notaire impérial à Lesneven, et de dame Marie Jeanne Rousseau, née à Lesneven en 1798. Parrain, Clet René Paul Marie Lamarre fils, aîné, de Lesneven; marraine, demoiselle Céleste Louise Le Tersec, du dit Lesneven.

Le même jour, baptême de Denis Jean Marie Alexandre, fils des précédents, né à Lesneven, en 1802. Parrain et marraine : Thomas Marie Jossic, avocat et avoué à Brest, et demoiselle Denise Marie Catherine Cahel, de Lesneven.

22 Avril 1816. — Mariage du consentement par écrit de M. Le Bescond de Coatpont, curé de Saint-Louis de Brest, du sieur Pierre Robée, cy devant commis des bureaux civils de la marine, originaire de Plouarec, département des Côtes-du-Nord, domicilié sur la paroisse de Saint-Louis, et demoiselle Jeanne Vincent Le Coz, originaire de Morlaix et domiciliée à Saint-Louis.

*
* *

M. Huguen mourut plein de jours et de mérites, le 13 Janvier 1818, après avoir gouverné Trémaouézan pendant quarante-trois ans. Il fut enterré près de l'ossuaire où l'on voit encore sa pierre tombale.

Après la mort de ce digne prêtre, Trémaouézan resta sans pasteur pendant deux ans et demi, et ce fut à son tour d'avoir recours à la charité des prêtres du voisinage.

Enfin, Mgr l'Evêque de Quimper, déférant aux vœux de la population qui lui avait envoyé une délégation pour demander un prêtre, donna un successeur à M. Huguen (1820).

Quelque dix-neuf ans auparavant, lors de la nouvelle circonscription des paroisses, Trémaouézan avait été séparé de Ploudaniel.

Cette dernière paroisse passait dans le doyenné de Lesneven, tandis que son ancienne trève était rattachée à celui de Landerneau.

II.

Menace d'annexion à Plouédern

Il fut fortement question, en 1811, d'incorporer la commune de Trémaouézan à celle de Plouédern. Une énergique protestation du conseil municipal la sauva :

« Considérant qu'il n'est pas un habitant de cette commune qui désire cette réunion ; que cette réunion, aurait, entre autres inconvénients, celui de voir un grand nombre d'administrés éloignés de plus de sept kilomètres et demi du chef-lieu de la commune; que les revenus de la commune de Trémaouézan ont toujours suffi aux dépenses, sans même recourir à l'octroi; que notre commune, ayant une population de 500 âmes, ne peut être mise au rang des petites communes; qu'il y a dans cette commune plusieurs habitants, même un nombre suffisant d'habitants et beaucoup au-delà, qui joignent aux qualité requises l'avantage de savoir lire et écrire:

D'après ces motifs et inconvénients ci-dessus démontrés,

Nous sommes d'avis que le projet de réunion de la commune de Trémaouézan à celle de Plouédern soit abandonné, comme étant sans avantage au gouvernement et étant nuisible aux intérêts des administrés. »

III.

Une Fête à Trémaouézan

Sous la Restauration, rien à relever, si ce n'est le fait consigné dans la délibération suivante:

« L'an mil huit cent vingt un, ce jour deux Mai.

Nous Maire de la commune de Trémaouézan, rapportons qu'en conformité de la circulaire de M. le Préfet du 12 de ce mois (sic), insérée au bulletin administratif N° 90, et l'ordonnance royale du 7 Octobre 1820, la fête du baptême de M. Le Duc de Bordeaux a été célébrée comme il suit:

Le 1er, à 8 h. du matin, M. le Desservant de la commune ou de la paroisse et le conseil municipal, convoqués par nous, s'étant réunis à la mairie, il a été en leur présence délivré 300 livres de pain aux pauvres de la commune. Pendant et à la fin de cette distribution, les cris de Vive le Roi, vivent les Bourbons et le duc de Bordeaux ont retenti dans les airs.

Le même jour, le conseil municipal et tous les notables de la commune, réunis à la mairie, se sont rendus à l'église où il a été chanté un Te Deum. Le cortège a été ensuite, avec le desservant de la paroisse et croix levée, en chantant des hymnes sacrés de réjouissance, allumer le feu de joie préparé sur la place.

Les habitants de cette commune ont donné chacun leurs volontés pour la préparation de cette fête, sans avoir eu besoin de rien prendre de la caisse du receveur, que les habitants apportaient même des faix de bois pour le feu de joie.

Jamais il n'a été fait une fête semblable dans cette commune. Tous les notables et principaux habitants ont assisté à toutes les cérémonies; rien n'a troublé le bon ordre, et la joie publique a été généralement marquée par des acclamations mille fois répétées de Vive le Roi, Vivent les Bourbons, Vive le Duc de Bordeaux.

IV.

Inventaire du mobilier
et vente des biens de l'Eglise

Depuis l'époque déjà lontaine où Trémaouézan acclamait si vigoureusement les Bourbons, rien n'est venu troubler la paisible existence de la petite paroisse jusqu'à l'inventaire de 1906, où les habitants virent avec douleur forcer les portes de leur chère et belle église, et ne furent consolés que par l'énergique protestation que firent, en leur nom, le recteur et ses conseillers.

Le 19 avril 1913 fut un autre jour de tristesse pour les gens de Trémaouézan. On vendait, ce jour-là, à la Sous-Préfecture de Brest, environ les trois-quarts des biens de la fabrique.

Les donations et legs testamentaires faits autrefois par les prêtres et fidèles, à l'église de Trémaouézan, avaient constitué à la fabrique de Notre-Dame un patrimoine dont le revenu annuel atteignait, en 1789, environ 800 livres (1).

____

(1) De ce chiffre, il faut défalquer les décimes de l'église. En 1713, la taxe était de 55 l. 6 sols, en 1730, de 96 l.; en 1740, de 108 l. Nous n'avons pas les chiffres des années suivantes.

Ce patrimoine, la Révolution en confisqua une partie. Le reste, rendu à la fabrique par l'arrêté du gouvernement du 7 Thermidor an XI, comprenait cinq petites fermes et des pièces de terre sises sur le territoire de Trémaouézan, plus un certain nombre d'autres parcelles réparties sur les communes de Plouédern, Saint-Thonan, Ploudaniel et Saint-Méen, et enfin deux titres de rente sur l'Etat, valant trente quatre francs.

Des remboursements effectués au cours du siècle dernier par des particuliers désireux de se libérer des charges qui pesaient sur leurs biens, avaient réduit les rentes de l'église à une somme d'environ 2.000 francs. C'était là un revenu brut, car au moins 500 francs

---

Notons, à titre de renseignement, que sur le total des fouages (revenus propres du roi) de l'évêché de Léon, qui comprenait 1885 feux un tiers et un vingt-sixièmes, Trémaouézan est compté pour 8 feux 1/6 et paye à raison de 13 l. 4 s. par feux (1740-1772). Nous ne possédons pas de donnée sur les autres impôts, capitation, vingtièmes, etc.

Le clergé de Trémaouézan paye en 1716, savoir:

M. Thépaut, curé.............	5 l.
M. Laurent, prêtre.............	2 l. 10 s.
M. Corbé, prêtre.............	2 l. 10 s.
Total.............	10 l.

Dans le rôle de répartition des contributions de 1763, on signale douze pauvres dans la trève.

passaient chaque année en réparations et
amélioration des cinq tenues, taxes de main-
morte et autres contributions, assuran-
ces, etc. Bon an mal an, il pouvait rester à la
fabrique, pour l'entretien de l'église, du mobilier cultuel et du presbytère, une somme de
1.500 francs.

Les immeubles qui produisaient cette rente
et dont on peut voir la liste au *Journal offi-
ciel* du 14 Mars et 18 Novembre 1909, le gouvernement de la République, par application
de l'article 5 de la loi du 9 Décembre 1905,
les a mis sous séquestre. Il a attribué
143 francs de rente au bureau de bienfaisance
de Trémaouézan et s'est adjugé le reste.

Les immeubles de la fabrique situés en
Trémaouézan et Saint-Thonan, et produisant
un revenu annuel de 1.583 francs, ont été
vendus. La mise à prix était de 16.265 francs;
la vente a produit 43.760 francs. Tous ces
immeubles ont trouvé acquéreurs, sauf une
petite pièce de terre estimée 125 francs. Restent encore entre les mains de l'Etat, les
biens de la fabrique de Trémaouézan, situés
en Plouédern, Ploudaniel et Saint-Méen.

*
**

Enfin, la dernière guerre (1914-1918) a de

Morts pour la Patrie

durant la Guerre de 1914 — 1918

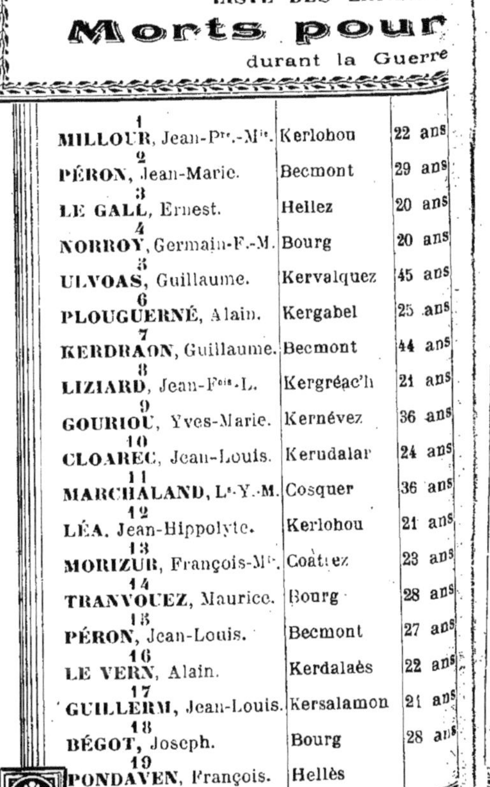

#	Nom	Village	Âge	Lieu	Date	Observations
1	MILLOUR, Jean-Pre.-Mie.	Kerlohou	22 ans	Environ d'Arsimont (Belgique)	Vers le 22 Août 1914	Soldat 48e R. I.
2	PÉRON, Jean-Marie.	Becmont	29 ans	Bolbec (Seine-Inférieure)	20 Octob. 1914	Croix Guerre, Méd. Militaire.
3	LE GALL, Ernest.	Hellez	20 ans	Bois de la Grurie (Marne)	2 Déc. 1914	2e R. I. Colon.
4	NORROY, Germain-F.-M.	Bourg	20 ans	Bois François (près Fricourt, Somme)	30 Avril 1915	Soldat 402e R. I.
5	ULVOAS, Guillaume.	Kervalquez	45 ans	Nieuport (Belgique)	9 Mai 1915	Maît. fusil., qu. de Bres¹, ✠.
6	PLOUGUERNÉ, Alain.	Kergabel	25 ans	Roclincourt (Pas-de-Calais)	9 Juin 1915	Soldat, 25e R. I. Cr. G., Méd. M.
7	KERDRAON, Guillaume.	Becmont	44 ans	Bar-le-Duc (Meuse)	12 Août 1915	Soldat, 3e bon tie du Gie d. Etap.
8	LIZIARD, Jean-Fois.-L.	Kergréac'h	21 ans	Verdun (Meuse)	8 Mars 1916	Soldat, 153e R. I.
9	GOURIOU, Yves-Marie.	Kernévez	36 ans	Douaumont (Meuse)	4 Avril 1916	Soldat, 118e R. I. Cr. G., Méd. M.
10	CLOAREC, Jean-Louis.	Kerudalar	24 ans	Biaches (Somme)	18 Juillet 1916	Soldat, 164e R. I.
11	MARCHALAND, Ls-Y.-M.	Cosquer	36 ans	Belloy en Santerre (Somme)	21 Sept. 1916	Capor.. 128e R. I. Croix de Guer.
12	LÉA. Jean-Hippolyte.	Kerlohou	21 ans	Berny en Santerre (Somme)	30 Nov. 1916	Soldat, 120 R. I.
13	MORIZUR, François-Mie.	Coàtiez	23 ans	Bois d'Avocourt (Meuse)	1er Août 1917	Soldat, 147e R. I.
14	TRANVOUEZ, Maurice.	Bourg	28 ans	Autrêches (Aisne)	18 Sept. 1914	Soldat, 219e R. I.
15	PÉRON, Jean-Louis.	Becmont	27 ans	Autrêches (Aisne)	23 Sept. 1914	Soldat, 219e R. I.
16	LE VERN, Alain.	Kerdalaès	22 ans	Lemé (Aisne)	29 Août 1914	Soldat, 71e R. I
17	GUILLERM, Jean-Louis.	Kersalamon	21 ans	Montécouvé (Aisne)	29 Mai 1918	
18	BÉGOT, Joseph.	Bourg	28 ans	Près de Crécy-au-Mont (Aisne)	31 Août 1918	Serg., 2e Tirail. Mar., Cr. d. G.
19	PONDAVEN, François.	Hellès				Matelot.

nouveau mis Trémaouézan en deuil. Dix-neuf de ses enfants sont morts pour la France, d'autres ont subi en Allemagne les rigueurs de la captivité. Pour une petite paroisse, c'est un lourd tribut.

*
* *

Fasse la Souveraine Bonté que ces douloureuses épreuves aient pris fin, et que sur le pays des jours meilleurs se lèvent; que la foi de nos vieux tréviens, restée, grâce à Dieu, vigoureuse dans leurs descendants, se maintienne et garde à la paroisse de Trémaouézan la réputation qu'elle a eu jusqu'ici d'être une des meilleures du Léon.

TABLE des MATIÈRES